U0589787

幸『孕』妈妈

斯瑟蒂克
胎教宝典

许鼓　曹伟 ◎主编

黑龙江科学技术出版社
HEILONGJIANG SCIENCE AND TECHNOLOGY PRESS

图书在版编目（CIP）数据

斯瑟蒂克胎教宝典 / 许鼓，曹伟主编 . -- 哈尔滨：
黑龙江科学技术出版社，2018.7
（幸"孕"妈妈）
ISBN 978-7-5388-9615-2

Ⅰ . ①斯… Ⅱ . ①许… ②曹… Ⅲ . ①胎教－基本知
识 Ⅳ . ① G610.8

中国版本图书馆 CIP 数据核字 (2018) 第 058808 号

斯瑟蒂克胎教宝典
SISEDIKE TAIJIAO BAODIAN

作　者	许鼓 曹伟	
项目总监	薛方闻	
责任编辑	侯文妍	
策　划	深圳市金版文化发展股份有限公司	
封面设计	深圳市金版文化发展股份有限公司	
出　版	黑龙江科学技术出版社	
	地址：哈尔滨市南岗区公安街 70-2 号　邮编：150007	
	电话：（0451）53642106　传真：（0451）53642143	
	网址：www.lkcbs.cn	
发　行	全国新华书店	
印　刷	深圳市雅佳图印刷有限公司	
开　本	685 mm×920 mm　1/16	
印　张	13	
字　数	180 千字	
版　次	2018 年 7 月第 1 版	
印　次	2018 年 7 月第 1 次印刷	
书　号	ISBN 978-7-5388-9615-2	
定　价	39.80 元	

【版权所有，请勿翻印、转载】
本社常年法律顾问：黑龙江大地律师事务所 计军 张春雨

序言
PREFACE

邓玉芬
上海医科大学营养医学研究中心主任
复旦大学公共卫生学院教授
国务院特殊津贴获得者
国内外孕期营养学第一人

充满爱意的 胎教

万丈高楼平地起，再高的大楼都要从零开始，把基础打牢。对于孩子的教育来说，胎教正是这座高楼大厦的坚不可摧的基石之一，打好这个基础，才能让孩子在激烈的人生竞争中勇往直前，以自信的姿态直面挑战。

胎教是什么，胎教有什么作用？可能你也有过这种体会，在某一天某个时间段，发生的某一件事，让你有种似曾相识的奇妙感觉，心想：这件事是不是在哪发生过，怎么这么相像。胎教的作用也正是如此，能让孩子在后天的学习时产生这种似曾相识的感觉，从而温故而知新，轻松地对知识融会贯通、举一反三，因为那些知识早在宝宝的大脑里留有痕迹，后天的学习只不过是复习、巩固，就像脑袋里有着一大批宝藏等待被发掘，又像一个烟花筒等着被引燃，这种感觉是奇妙而有趣的。同时，胎教有开发智力、提高智商的强大作用。

闻名世界的斯瑟蒂克夫妇只不过是平凡的普通人，却通过胎教孕育出4个智商超过160的天才儿童。他们的胎教证明了，胎宝宝在妈妈肚子里听到、学到、感受到的东西，都会深深记在脑海里。斯瑟蒂克夫妇的胎教是成功的，也是值得学习和借鉴的。

在"填充式"风气盛行的今天，不管是食物还是知识，家长们唯恐孩子"营养不良"，各种营养品和补习班源源不断，孩子吃不下的时候家长们非得强迫多吃几口，学不进的时候还要求再学一些，这会导致消化和吸收不良，事倍功半。斯瑟蒂克的胎教恰恰与此相反，她的要义很简单，只需"母亲在妊娠中把听到的、看到的、想到的事物，通过自己的声音、身体的变化、心理状态等传递给宝宝"就行了。需要注意的是，斯瑟蒂克胎教的精髓在于"每时每刻，要把深深的母爱倾注给腹内的宝宝"。这种充满爱意的胎教，可以营造出母亲与孩子共同学习、共同进步的氛围，因此宝宝更乐于接受，也能收到更好的效果。反之，如果带着"天才儿童"的目的去灌输大量知识给宝宝，只会"有心栽花花不开"。

本书充满爱的基调，贯彻了斯瑟蒂克爱意灌输的宗旨。无论是孕妈妈还是准爸爸，每首儿歌的吟唱、每个胎教故事的讲述都要饱含着深深的爱意，对孩子的爱和祝福在时刻传递着，胎宝宝在这种充满爱意的氛围下学习是幸福快乐的，也是最有效果的。

书中还对孕妈妈和胎宝宝的每周变化有着详细的描述，可以作为对照和参考，做出相关的应对办法，例如怎么应对孕妈妈抑郁症、怎么购买孕育装等。本书还根据孕妇每周需要的营养推荐出相应的食谱，贴心照顾孕妈妈和宝宝的营养健康。

在胎教过程中，要以胎宝宝为中心，孕妈妈为主要负责人，而准爸爸也要参与进来，做"主力军"。所谓"夫妻齐心，其利断金"，奇迹就掌握在我们手中。让我们与本书一起，进入愉快温馨的胎教世界吧！

目录
CONTENTS

Part 01 　孕1月斯瑟蒂克胎教

Part 02　孕2月斯瑟蒂克胎教

Part 03　孕3月斯瑟蒂克胎教

P_{art}04　孕4月斯瑟蒂克胎教

Part05 孕5月斯瑟蒂克胎教

Part06 孕6月斯瑟蒂克胎教

Part07 孕7月斯瑟蒂克胎教

Part08 孕8月斯瑟蒂克胎教

Part09　孕9月斯瑟蒂克胎教

P_{art}10　孕10月斯瑟蒂克胎教

孕1月
斯瑟蒂克胎教

Part 01

当我得知胎儿脑的发育这么早就开始了，并且以如此快的速度，进行着这样一个进化发育的过程以后，我被胎儿所具备的伟大生命力所感动，同时也认识到胎儿的能力充满着神秘莫测的巨大可能性。

——实子·斯瑟蒂克

一、（怀孕1～4周）
胎宝宝的样子

　　亲爱的宝贝，我对你的期待是一直都存在的。我常常在想，如果有一个可爱的小人儿，偎依在我的身旁，用他柔软的小手握住我的手指，对我咿咿呀呀说话，对着我绽开笑颜，还冲着我嘟嘴卖萌、做鬼脸，那该是件多么幸福的事情呀！

　　怀孕第1周是从末次月经的第1天算起的，因此，本周你处在月经期内。

　　现在精子和卵子尚未结合，胎儿尚未形成。成熟的卵子直径约0.2毫米，成熟的精子约0.05毫米长，它们分别存在于你和你的伴侣体内。精子家族庞大，家庭成员众多，它们个个都是游泳健将，但只有最优秀者才能冲破重重阻碍，赢得卵子妹妹的"芳心"；而此时卵子妹妹正乖乖待地在你的体内"养尊处优"，等待着那位最优秀的精子勇士的到来。

进入第2周后期，你已经进入排卵期，现在你就应该做好准备了。你的身体会排出成熟的卵子到达输卵管。成熟的卵子直径约0.2毫米，是人体内最大的细胞，肉眼也可以看见。卵子排出后15~18小时内受精能力最强，同房后，极少数精子进入女性的输卵管，仅有1个或几个精子能与卵子结合，形成受精卵。受精卵将在子宫着床发育成胎儿。

此时的胎宝宝在外形上还没有形成人的特征，叫作"胚芽"。胚芽表面被绒毛组织覆盖，不久后将会发育成胎盘。胎盘和羊膜形成，胎宝宝与妈妈的血液循环就建立了联系。在滋养层里，胚胎开始成形，现在看起来很像椭圆形的盘子。

3周左右的胎芽，大小刚好能用肉眼看到，长度为5~10毫米，重量不足1克，从外表上看身体是二等分，头部非常大，占身长的一半。有类似鳃和尾巴的构造，感觉像个小海马。胳膊和腿大体上有了，但因为太小还看不清楚。眼睛和鼻子的原型还未形成，但嘴和下巴的原型已经能够看到。与母体相连的脐带，从这个时期开始发育。脑、脊髓等神经系统和血液等循环系统的原型，几乎都已出现。心脏从第2周末开始形成，从第3周左右开始搏动，而且肝脏也从这个时期开始发育。

二、（怀孕1～4周）孕妈妈的身体变化

孕早期是胎儿全身器官发育形成的时期，这个时期受精卵逐渐分裂成"初具人形"的胎儿，形成了人体所有器官的基础。孕期第1个月，孕妈妈觉得身体与往常相比没有太大的变化，不过体内却是发生了奇妙的变化！

怀孕第1周，由于尚未妊娠，所以备孕女性的身体基本不会发生变化，但子宫内膜逐渐变厚，准备排卵。未处于妊娠状态的子宫犹如鸡蛋般大小，即使是在孕早期，子宫的大小也基本上没有变化。随着月经的结束，子宫内膜重新变厚，准备排卵。到了排卵日，成熟的卵子从卵巢来到输卵管等待精子，卵子在输卵管中可存活12~24个小时。为了孕育一个健康的宝宝，孕妈妈从现在开始就要小心谨慎。为即将到来的宝宝营造一个安全、舒适的家，是每一位妈妈的责任。

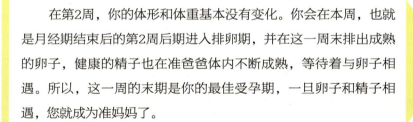

在第2周，你的体形和体重基本没有变化。你会在本周，也就是月经期结束后的第2周后期进入排卵期，并在这一周末排出成熟的卵子，健康的精子也在准爸爸体内不断成熟，等待着与卵子相遇。所以，这一周的末期是你的最佳受孕期，一旦卵子和精子相遇，您就成为准妈妈了。

到了第3周，受精卵已经进入到子宫里开始发育了，孕妈妈才算是真正怀孕了。受精卵转移到子宫的过程中，有时会出现轻微的流血，这属于正常现象，不必惊慌。

生命的种子开始在孕妈妈体内生根发芽了，准妈妈的子宫为了满足胚胎摄取营养的需要而不断增厚，因而会显得比妊娠前略有增大，大小类似于一个鸭蛋。同时，子宫的形状也开始由扁平变为圆形，子宫壁开始增厚，变得柔软。此时，卵巢开始分泌黄体激素，使乳房稍微变硬，乳头颜色变深且敏感。较为敏感的孕妈妈会感觉到乳头有痛感。由于体内激素分泌情况发生变化，有的孕妈妈开始出现恶心、呕吐等早孕症状。部分敏感的孕妈妈还会出现全身无力、怕冷、发热等类似感冒的症状。

斯瑟蒂克提醒：准爸妈必读

● **保持清洁**

备孕妈妈要注意保持卫生巾清洁，购买国家卫生部允许出售的卫生巾。每天清洗外阴，不过不要盆浴，应该淋浴。经期要常用温水擦身。

● **饮食讲究**

备孕妈妈少吃刺激性食物，多吃蔬菜和水果，以保持大便通畅，避免盆腔充血。经期易出现疲劳和嗜睡，情绪波动也大，因此最好不要饮浓茶、咖啡等，同时也要少食或不食冰冻食物等。

最佳受孕时间

什么时候最容易受孕？这可能是此阶段的备孕爸妈最想知道的。最佳受孕时间，一年之中以七八月份怀孕，四五月份生产比较理想。受孕前一个月内，你们应减少同房次数，最好在排卵期进行性行为。同房时间宜选择早晨起床前，经过一晚的休息，精力更加充沛。

孕期用药

在这个阶段，备孕妈妈应该谨慎用药。在怀孕初期，任何药物、放射线、酒精、感冒都可能导致胚胎发育受到影响。

孕妇奶粉

从现在起，备孕妈妈可以每天喝一杯孕妇奶粉，孕妇奶粉包含了叶酸、钙、铁等你需要的各种营养素。

远离宠物

许多宠物身上都存在着各种病菌，比如弓形虫病等。这些病菌有可能让你感染一些疾病，使胎儿神经系统受到损害。因此，如果你一直养着宠物，现在要准备把宠物安置到其他地方了。

充分的休息和睡眠

怀孕初期，孕妈妈要保证生活规律，适当增加休息及睡眠的时间。晚上的睡眠时间不要少于 8 小时，睡觉时应注意体位，左侧卧位可以减轻子宫右旋对血管的压迫，有利于胎儿的血液供应。一定要避免过于劳累，不要做剧烈运动，不要做重体力劳动，不应进行长途旅行。

远离辐射

怀孕初期，胎儿器官发育尚未完成，对辐射比较敏感，非常容易受到伤害。因此，孕妈妈要特别注意不要接触辐射源，远离电磁炉、微波炉、手机、电热毯、吹风机、复印机、电脑等。

水果勿过量

有的孕妈妈每天吃大量水果，摄入了过多糖分，患上了妊娠糖尿病，对母体和胎儿都会造成影响。因此，要控制饮食，营养均衡，每天吃200 克水果就能够满足机体对营养成分的需求了。

穿安全舒适的鞋子

孕妈妈穿鞋跟为 2~3 厘米的低跟鞋或坡跟鞋比较好，不要穿高跟鞋，以免给足部韧带造成负担；鞋子要合脚，鞋底柔软，弹性好，鞋底最好有防滑纹，避免摔倒。

生活禁忌要记清

不要去舞厅、K 歌房等强噪声环境，远离污染和放射线；使用洗涤剂时要谨慎，最好能佩戴手套；饮食要注意，不要吃冷饮、山楂、海带、螃蟹、甲鱼、杏仁等。

三、（怀孕1~4周）胎教重点

孕妈妈的情绪非常重要，不但会对自身的食欲、睡眠、精力、体力等方面造成影响，还会影响胎儿的血液供给、胎儿的心率、呼吸以及胎动等。因此，孕妈妈要时刻保持快乐的心情，树立"宁静养胎就是胎教"的观点，确保情绪稳定、乐观，切忌大悲大怒。

散步+体操，舒缓宁静

散步称得上是孕期的最佳运动。你可以在上下班时提前一站下车，步行走完剩下的路程；可以午饭后在公司附近逛逛；还可以晚饭后和丈夫一起在小区花园里走走。而且，你还可以把散步时碰到的人和事讲给胎宝宝听，比如，今天的天空格外蓝、空气格外清新，见到了一大群蚂蚁搬家，还有奔驰而过的汽车、漂亮的女孩、刚刚发芽的大树、绽放的花朵……这些都是很好的话题。

另外，孕初期可以根据自身的环境条件及身体状况，做一些舒缓的体操运动，不仅能够缓解疲劳、增强肌力，还能使胎儿身心发育良好。注意动作要舒缓，还要保暖，以免着凉感冒，影响受孕。

静心呼吸法，稳定情绪除烦躁

前面已经说过，孕妈妈的情绪对胎宝宝有着不可估量的作用，因此，保持宁静、愉悦的心情，对于提高胎教的效果非常重要。下面的呼吸法，对稳定情绪和集中注意力非常有效。

进行呼吸法的练习时，场地可以自由选择，可以坐在床上，也可以坐在沙发上，甚至平静地站着。孕妈妈应腰背舒展，全身放松，微闭双眼，手可以放在身体两侧，也可以放在腹部，总之，你觉得舒服就好；衣服尽可能穿得舒服。

准备好以后，用鼻子慢慢地吸气，在心里默默地慢数5下，自觉平时肺活量好的孕妈妈可以数6下。吸气时，要让自己感到气体被储存在腹中，然后慢慢地将气呼出来，用嘴或鼻子都可以。总之，要缓慢地、平静地呼出来，呼气时间是吸气时间的2倍。

实施呼吸法的时候，尽量不要去想其他事情，要把注意力集中在吸气和呼气上，一旦习惯了，注意力自然就会集中了。进行胎教前，先进行这样的呼吸，孕妈妈的精神被集中起来了，胎教的效果自然就提高了。

叶酸补充不能忘

由于饮食习惯的影响，我国约有30％的育龄女性缺乏叶酸，北方农村女性更为严重。因此，为了提高人口素质，普遍提倡在计划怀孕前3个月就开始补充叶酸，每天400微克，直至怀孕后3个月或妊娠结束。如果之前没有服用叶酸，孕妈妈也不用太着急，从现在开始服用，依然有效哦。

叶酸是胎儿生长发育中不可缺少的营养素。若不注意孕前与孕期补充叶酸，则有可能会影响胎儿大脑和神经管的发育，造成神经管畸形，严重者可致脊柱裂或无脑畸形儿。研究发现，女性孕前1~2个月内每天补充400微克叶酸，可有效降低胎儿患腭裂和先天性心脏病的概率。此外，叶酸还可以有效提高孕妈妈的生理功能，提高抵抗力，预防妊娠高血压等。

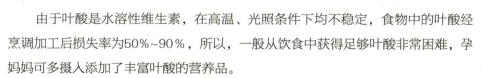

由于叶酸是水溶性维生素，在高温、光照条件下均不稳定，食物中的叶酸经烹调加工后损失率为50％~90％，所以，一般从饮食中获得足够叶酸非常困难，孕妈妈可多摄入添加了丰富叶酸的营养品。

写胎教日记，记录胎儿和孕妈妈的变化

由于怀孕时激素的变化，孕妈妈可能心情起伏不定，时而喜悦，时而烦躁，时而感激，时而忧虑。孕妈妈可以把自己的种种状态全部记下来，借此恢复内心的平和。写的时候，心里要想着胎宝宝，好像在和胎宝宝对话，记录下孕妈妈和胎宝宝所有的身体变化，以及为胎宝宝做过的点点滴滴。等孩子长大后，这本日记可以当作礼物送给孩子，相信这是世界上最独特、最珍贵的礼物了！

准爸爸学堂

如果你们已经决定了要宝宝，那么，这周准爸爸的行为至关重要，在准妈妈的排卵期，应合理安排房事，准备好做爸爸了！

创造最佳受孕环境

你要与妻子一起创造最佳受孕环境，采用最佳受孕体位，幸福地去完成你们的使命。科学家研究表明，女性在性高潮时孕育的孩子更聪明。

安抚准妈妈的情绪

这周准妈妈处于排卵期，所以一定要保持愉快的心情。舒缓愉悦的心情，对排卵是很重要的。有的准妈妈在排卵期会有情绪波动，准爸爸这时要耐心地劝解，耐心地安抚她的情绪。

合理安排同房时间

这一周准妈妈进入排卵期，准爸爸要找准时机，"大显身手"了！对于准爸爸来说，这是肩负重担的一周。

准爸爸每天要帮助准妈妈测量基础体温，在她早晨睡醒后，立刻测量口腔体温3分钟以上，如果准妈妈的体温比平时升高0.3℃，你们就可以在此时同房了！

舒适的性生活是孕育宝宝良好的开端，所以抓住这次机会，两人充分享受这次至关重要的结合。

调节饮食，为胎宝宝的健康发育打好基础

对于孕妈妈来说，本阶段除了要继续补充叶酸外，依然要注意饮食的多样化，保持营养均衡。同时，一切不利于怀孕的饮食习惯都要避免，为胎宝宝的健康发育打好基础。

在孕早期，孕妈妈的胃口可能非常不好，所以，饮食上可以选择吃一些对身体有益的食物，少而精，给胎宝宝提供发育最需要的营养。以下介绍几种对孕妈妈有益处的食物，以供参考：

水果： 胎儿在发育过程中，需要维生素参与细胞的合成。虽然蛋类、乳类、豆类、蔬菜中维生素的含量也不低，但它们都易溶于水，往往在烹调过程中会大量流失掉。水果可以洗净生吃，这样就避免了在加热过程中维生素的损失。所以，孕妈妈多吃些水果，特别是新鲜水果，对补充自身和胎儿所需的维生素是非常有利的。

核桃： 核桃含有丰富的不饱和脂肪酸、蛋白质，较多的磷、钙和各类维生素，还含有糖类、铁、镁、硒等。中医认为，核桃有补肾固精、温肺止咳、益气养血、补脑益智、润肠通便等作用，孕妈妈常吃核桃可防病健身，有利于胎儿健脑。

花生： 花生是一种植物性高营养食品，中医学认为，花生具有醒脾开胃、理气补血、润肺利水和健脑抗衰等功效。吃花生不要去掉红色的皮，红皮为利血物质。

芝麻： 芝麻含钙、磷、铁，同时含有优质蛋白质，这些蛋白质均为构成脑神经细胞的主要成分。中医学认为，芝麻有填精、益髓、补血、补肝、益肾、润肠、通乳、养发的功能，孕妈妈适当多吃芝麻对自己和胎儿都有益。

豆类： 这里所说的豆类主要是指大豆和大豆制品。大豆的营养价值很高，具有健脑作用，大豆制品营养也很丰富，且易被消化吸收。

海鱼： 海鱼营养丰富，含有易被人体吸收的钙、碘、磷、铁等无机盐和微量元素，对于大脑的生长、发育、健康有着极高的作用，是孕妈妈应经常食用的美味佳肴。

鹌鹑： 鹌鹑肉对营养不良、体虚乏力、贫血头晕者适用，故也适合孕产妇食用。鹌鹑肉富含的卵磷脂、脑磷脂，是神经元活动不可缺少的营养物质，对胎儿有

健脑的功效。

● **黑木耳：**黑木耳营养丰富，具有滋补、益气、养血、健胃、止血、润燥、清肺、强智等功效，是健脑和强身的佳品。

滋养身心的瑜伽冥想操

瑜伽冥想操能够有效地松弛身体，缓解紧张。如果孕妈妈有情绪变化，不妨做一下冥想操。

首先，选择一处舒适的位置，仰卧，播放一段优美、舒缓的轻音乐，闭上眼睛，将意识关注整体，自然均匀地进行腹式呼吸。腹式呼吸法是吸气时，腹部缓慢前推达极限，呼气时，腹部渐渐放松还原，反复几次练习。熟练后，可在吸气和呼气之间稍停2—3秒钟，让氧气充分在体内得到活化，深入血液，使得到的养分及时通过胎盘输送给宝宝。充足的氧气有益于胎儿脑部生长和清洁循环的血液。呼吸时从双脚趾开始，依次向上默念放松。脚趾、脚背、脚心、脚跟放松……脚踝、小腿、膝盖、大腿放松……臀部、胯部、腰部放松……背部、肩膀、手臂、手指放松……腹部、胃部、胸口、喉咙放松……脸颊、眉心、整个头部放松……进入冥想，仿佛仰卧在鲜花丛中，沐浴着温暖的阳光，微风轻轻地吹拂，小鸟在叽叽喳喳地歌唱……正在孕育新生命的你，给胎宝宝提供着伟大的生命源泉……

放松过程大概持续10分钟左右，然后将两掌心搓热，贴于两颊，保持几秒，促进面部血液循环；再将两掌心贴于眼皮上，保持眼球不动，促进眼周围血液循环，充分放松眼球。之后，反复进行几次蒲公英呼吸法，缓慢睁开眼睛，结束。

蒲公英呼吸法是腹部放松，缓慢吸气达极限，呼气时双唇微张，将气息慢慢吐出，仿佛轻轻在吹蒲公英。

欣赏班得瑞的《春野》

班得瑞创作的乐曲《春野》，曲式轻柔徐缓，细腻飘渺，听者仿佛置身春天里的清晨，鼻端飘来淡淡的青草芳香，沁人心脾的凉意，让人倍感舒适愉悦。这首曲子最适合在清晨，与丈夫一起聆听，共同沐浴在音乐的美好与幸福中。

如果孕妈妈感到焦虑烦躁，也可以听听这首清新悠扬的自然之乐，让身心得到放松。

摄取足够的优质蛋白质

孕早期，小胚胎还不能自己合成生长发育需要的蛋白质，必须由孕妈妈供给。因此，孕妈妈一定要摄取足够的且容易消化吸收的优质蛋白质。不喜欢吃动物蛋白食物的孕妈妈可用豆类及豆制品、竖果类、花生酱、芝麻酱等植物性蛋白质食物代替。有些孕妈妈不喜欢喝牛奶或喝牛奶后腹胀，则可以用酸牛奶来代替。

准备一张漂亮可爱的宝宝图画

孕妈妈在家中贴一张自己喜欢的可爱的宝宝图画，每天看一看，可以舒缓孕妈妈心情，腹中的宝贝也能受到良好的感应，促进胎儿身心发育。据说，怀孕时多看漂亮的宝宝，生出的宝宝也会很漂亮呢！

欣赏《水边的阿狄丽娜》

《水边的阿狄丽娜》是由保罗·塞内维尔所作，理查德·克莱德曼演奏的钢琴曲，取材于希腊的神话故事。整个曲子旋律细腻、柔和、沉稳，在不动声色中渐渐向前推进，仿佛阿狄丽娜在水边撩动水波，让人心灵宁静，好像置身自然美景中，看到了美丽的天空，碧蓝的大海，清澈的山泉……

理查德·克莱德曼被誉为"钢琴王子"，他的琴声流畅、美妙、年轻、典雅却又通俗易懂，用真挚感人、充满梦想与激情的琴声拨动着人的心弦，给人以美的享受。现在和宝宝一起欣赏这首理查德·克莱德曼的成名曲吧。

多补充维生素和矿物质

胎儿期和出生的第一年，是决定宝宝骨骼和牙齿发育好坏的关键时期，所以孕妈妈和宝宝要确保钙、磷的足够摄入。胎儿对锌、铜元素的需求也很多，缺锌、缺铜都可导致胎儿骨骼、内脏及脑神经发育不良。谷类、蔬菜、水果中富含各种维生素、矿物质和微量元素，应注意多吃此类食物。

Part 02

孕2月
斯瑟蒂克胎教

多播放旋律优美、节奏明快的胎教音乐或歌曲，将幸福与爱的感觉传递给胎儿。

——实子·斯瑟蒂克

一、（怀孕5～8周）
胎宝宝的样子

　　亲爱的宝宝，妈妈开始觉得困倦、嗜睡、吃不下饭了，但是妈妈好开心，因为妈妈知道那是你在提醒妈妈你的存在！你正在妈妈肚子里成长。妈妈觉得你好棒，妈妈真为你感到骄傲！妈妈相信你是世界上最好的宝宝！你要在妈妈肚子里好好成长，将来健康地和爸爸妈妈见面！

　　此时的胎宝宝还只能被称为"胚胎"。胚胎一旦植入子宫，就开始分泌相关的激素（就是这种物质让你感到胃口不适，甚至恶心呕吐。这种不适是胎儿在提醒你："妈妈，我来了！请您的免疫系统不要把我当作异物哦！还有，请让子宫和乳房为我做好准备。"）胚胎细胞继续分化，形成"三胚层"，每一层细胞都将形成身体的不同器官。这个时期，神经系统和循环系统的基础组织最先开始分化。此时，小胚胎只有苹果子那么大，外观依然很像"小海马"，长大约4毫米，重量不到1克。

在子宫里，胚胎正在迅速地成长，人体的各种器官均已出现，只是结构和功能还很不完善。小心脏也已经开始有规律地跳动。胚胎的长度有0.6厘米，像一颗小松子仁，包括肾和心脏等主要器官都已形成，神经管开始连接大脑和脊髓。四肢开始出现了，但还是不太规则的凸起物，医学上依然称之为"胎芽"。

胚胎的细胞仍在快速地分裂，到本周末时，胚胎大小就像一粒蚕豆，有一个特别大的头，在眼睛的位置会有两个黑黑的小点，而且鼻孔开始形成，腭部开始发育，耳朵部位明显突起。胚胎的手臂和腿开始伸出嫩芽，手指也从现在开始发育。这时心脏开始分化出心房和心室，而且每分钟的心跳可达150次，脑垂体也开始发育。

第8周时，胚胎已经初具人形，但是小尾巴还没有完全消失，大小和外形看起来像一颗葡萄，有时会像跳动的豆子一样运动。此时，各种复杂的器官都开始成长，心脏和大脑已经发育得非常复杂，眼睑开始出现褶痕，鼻子部位也渐渐挺起，牙和下颌开始发育，耳朵也在继续成形，小胳膊在肘部变得弯曲。手指和脚趾之间隐约有少量蹼状物。由于骨髓还没有形成，暂由肝脏来产生大量的红细胞，直到骨髓成熟后来接管它的工作。

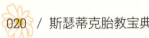

二、（怀孕5～8周）
孕妈妈的身体变化

亲爱的宝宝，早上好啊！妈妈昨天晚上总去厕所，没吵到你睡觉吧？要是没睡够就多睡一会儿吧。医生说你的小心脏已经开始跳动了，妈妈好激动啊！两颗心一起跳，是多么奇妙的事情啊！虽然最近妈妈有点小小的不舒服，但是想到你正在妈妈肚子里慢慢长大，就充满了力量，什么也不怕了。宝贝，你就是妈妈的动力，我们一起加油吧！

生命的种子已经植入你的体内，如果你是有备而来，从大约得知自己排卵的那时起，你就会非常敏感地关注着自己的一切变化，期待着所希望的事情发生。由于激素的作用，你可能尚未知道怀孕就会觉得身体有了一种异样的充实感。果然，你的身体确实发生了变化，出现了怀孕的征兆。

孕5周的时候大部分孕妈妈都会发现生理周期没有如约而至，这个时候可以去医院做个早孕检查，确定自己是否已经怀孕。孕5周的时候胎体发育的基础——三胚层基本形成，之后每个胚层都会分化为不同的组织，外胚层会分化成神经系统、眼睛的晶体、内耳的膜迷路、皮肤表层、毛发和指甲等；中胚层分化成肌肉骨骼、结缔组织、循环系统、泌尿系统；内胚层则分化成消化系统、呼吸系统的上皮组织及有关的腺体，膀胱、阴道下段及前庭等。

孕6周胚胎已经在孕妈妈的子宫里迅速地成长，孕6周胎儿的心脏开始有规律的跳动，有的孕妈妈会开始出现明显的妊娠反应。停止月经6周以内的妊娠称为早早孕，这个时候孕妈妈的基础体温会持续升高，怀孕的症状也会慢慢显现，在雌激素和孕激素的刺激下，准妈妈会感觉到乳房胀痛、乳房增大变软、乳晕出现小结节突出等，还会经常感觉到疲劳、犯困、排尿频繁等。最为常见的妊娠反应就是孕吐，大约在3个月之后恶心和孕吐的情况就会结束，想要克服孕吐可以早上在床边准备一杯水或一小块水果，起床后先喝一杯水或吃一小块水果，能够帮助你抑制强烈的恶心感。

孕妈妈的子宫增大，但腹部外观仍无明显改变。体重比孕前增加1.5~2.5千克。但也有早孕反应大的孕妈妈体重反而减轻了，只要体重减轻不是很明显，就不用太过担心。

 斯瑟蒂克提醒：准爸妈必读

提防流产

怀孕早期，15%~20% 的孕卵会发生自然流产。因此，如果出现腹痛和阴道出血要引起重视，应及时去医院。

调理饮食

第 5 周，孕妈妈大多出现了早孕反应，胃灼热、胃口不佳，最好的办法是休息和调理饮食，少食多餐，想吃什么就吃什么，能吃多少尽量吃，可以选择体积小而营养成分高的食物，并补充糖类。

适当补充脂肪

脂肪是胎儿脑发育不可缺少的重要物质，所以孕妈妈补充脂肪是必不可少的。脂肪主要来源于动物油和植物油，如果不喜欢油腻的食物，可以吃些核桃和芝麻，但摄入量不应过多。

少吃酸性食物

孕初期恶心呕吐，很多人喜欢吃酸性食物缓解。但大量的酸性食物会使体内碱度下降，引起疲乏无力，体质长期处于酸性状态还会影响胎儿发育，甚至可能导致畸形。因此，最好不要过多食用酸性食物，更不要服用酸性药物。

远离清凉油、汽油等

清凉油中的成分，如樟脑、薄荷、桉叶油经皮肤吸收，会通过胎盘进入胎宝宝体内，影响其生长发育；汽油味会让孕妈妈头晕、恶心、呕吐、烦躁，汽油里的铅会影响胎宝宝的神经系统。因此，孕妈妈最好远离汽油，也不要用清凉油提神。

多吃含碘的食物

孕妈妈日常生活中可多吃一些富含碘的食物，比如紫菜、大白菜、鸡蛋、菠菜等，促使胎儿大脑得到充分发育。

慎用化妆品

很多女性都有使用化妆品的习惯，但很多化妆品中的化学物质对孕妈妈及胎儿有一定的影响，怀孕期间要慎用，如口红、指甲油、染发剂、冷烫精等，最好不要用。

不要坐浴

女性怀孕期间，阴道分泌物增多，乳酸量降低，对外来病菌的杀伤力减弱，此时坐浴，细菌可能进入阴道，引起炎症，甚至发生感染，引发早产。因此，最好以擦澡、淋浴为宜，不要坐浴，也不要去公共浴池洗澡。

不要长时间看电视

长时间看电视会引起头昏脑涨、疲乏无力、精神紧张，孕妈妈应避免长时间看电视，并且避免看刺激性强的节目，看电视时应在离电视屏幕2米以外。

忌食冷饮、辛辣食物

怀孕期女性的肠胃对冷热、辛辣的刺激十分敏感，腹中的胎儿也很敏感。因此，孕妈妈不要贪吃冷饮和辛辣食物，以免影响自身健康和引起胎儿不安，甚至流产、早产。

三、（怀孕5~8周）胎教重点

音乐对于孕妈妈来说，可以安抚情绪，滋养心灵，陶冶情操；对于胎宝宝来说，音乐可以刺激大脑，促进智力发育。因此，可以选择一些旋律优美、富有节奏、轻柔舒缓，以及曲调欢快的音乐作品，维持孕妈妈愉快的心情，刺激胎宝宝良性生长。

欣赏《献给爱丽丝》

《献给爱丽丝》是贝多芬40岁左右时为爱慕的姑娘创作的钢琴曲，有3分多钟。作品柔美动人，节奏明朗欢快，旋律清新流畅，仿佛在向心爱的女孩倾诉衷肠，可以想象出女主人公温柔美丽、活泼甜蜜的模样。

孕妈妈在听曲子时，可以想象出一幅幅动人的图画，也可以理解为贝多芬要献给的，不仅是崇高的爱情，还有所有闪亮的女性。

画出宝宝的样子

孕妈妈可以在心中想象宝宝将来的样子，是男孩还是女孩？像妈妈还是像爸爸？皮肤白不白？眼睛大不大？单眼皮还是双眼皮？鼻子遗传爸爸的，嘴巴遗传妈妈的吗……然后，把自己心中想象的宝宝的样子画出来，准爸爸也可以配合共同创作，有助于将来生一个漂亮的宝宝。

呼唤宝宝的名字

怀孕第2个月是胎儿大脑发育最快，也是最重要的阶段。准爸爸和孕妈妈可以为胎宝宝起一个可爱的名字，经常对着腹部进行呼唤，这可以刺激胎儿的大脑发育，让胎宝宝建立一种固定的反应，为以后加深父母和宝宝的感情打下良好的基础。

早晨起床的时候，孕妈妈可以轻轻抚摸腹部，对胎宝宝说："宝宝，要起床喽！"出去散步的时候，可以对胎宝宝说："宝宝，外面的空气真新鲜，是不是？花儿开得真好啊，小鸟在唱歌呢。"睡觉的时候，可以对胎宝宝说："宝宝，要睡觉啦。好好休息，明天见哦。"

准爸爸学堂

这一周，从医生那里证实了宝宝的来临，孕妈妈要和准爸爸分享喜悦，一起庆贺，并和准爸爸制定"爱的约定"。为了让胎宝宝感受到来自爸爸妈妈的爱，约定无论什么时候都不会吵架，准爸爸要主动关心体贴妻子，主动为妻子做一些事，为妻子提供最大的便利和帮助，如帮妻子系鞋带、拉拉链、捡东西等，既可以增进夫妻感情，又能让孕妈妈心情愉悦，有助于小宝贝的成长。

这样吃鱼最健康

鱼类是重要的动物性食物，营养价值极高，对胎宝宝的大脑及神经系统的发育非常有益。鱼肉组织柔软细嫩，比畜禽肉更易消化。鱼肉中的蛋白质含量丰富，85%~90%为人体必需的各种氨基酸，可利用率极高。鱼类脂肪含量不高，但鱼类脂肪多为不饱和脂肪酸，熔点低，因此，被人体消化吸收率可达95%。海鱼中不饱和脂肪酸高达70%~80%，有益于胎宝宝大脑和神经系统的发育。另外，鱼类含有的无机盐稍高于肉类，是钙的良好来源。海产鱼类的肝脏中含有丰富的维生素A、B族维生素、维生素D等。那么，孕妈妈如何吃鱼更健康呢？

注意：
◎吃鱼不是越多越好，孕妈妈每周吃鱼以不超过3次为宜。
◎做鱼前，一定要将鱼的内脏清除干净，彻底消除健康隐患。
◎烹调淡水鱼的时候，尽量采用蒸煮的方式，清淡的饮食对孕妈妈比较好。
◎吃鱼时，孕妈妈要经常更换着不同的品种吃，不要在一段时间内只吃一种鱼。
◎孕妈妈吃鱼时尽量不要吃鱼皮，因为很多污染物都在鱼皮上。
◎怀孕期间，孕妈妈尽量不要吃生鱼，避免可能存在的寄生虫对胎宝宝的影响。

孕妈妈应适当多吃体型小的深海鱼，如黄花鱼、平鱼、带鱼等，人工饲养的鳟鱼，以及生长环境水质好的鲫鱼、鲤鱼、鲢鱼等淡水鱼也是不错的选择。

　　尽管鱼类营养丰富，可是有些种类的鱼体内含有汞，这种物质可经胎盘进入胎宝宝体内，不仅会影响其生长发育，导致生长发育迟缓，还会对大脑发育造成损害。因此，有些鱼适合孕妈妈，而有些鱼则不适合。

　　一般鲨鱼、剑鱼、方头鱼等体内汞含量比较高。因此，在怀孕和哺乳期间最好不要吃这些鱼。金枪鱼体内的汞含量也相当高，如果一定要吃的话，淡水金枪鱼的摄入量每周不应该超过170克。长鳍金枪鱼（又叫白金枪鱼）体内汞的含量是淡水鱼的3倍，因此，孕期最好少吃或不吃这些鱼，以免对胎宝宝产生不利影响。

儿歌《小毛驴》

　　这是一首非常有趣的儿歌，歌词亲切生动，充满童趣。曲调活泼甜美，曲式浅显，节奏欢快，念唱结合，易学易唱。如果你愿意，可以从现在一直唱到宝宝长大。

我有一头小毛驴，
我从来也不骑，
有一天我心血来潮骑着去赶集，
我手里拿着小皮鞭，
我心里正得意，
不知怎么哗啦啦啦，
我摔了一身泥。

做一些自己喜欢的事情

此时，孕妈妈的情绪会起伏不定，一点小事就可能会烦躁。如果情绪波动比较大，孕妈妈一定要想办法宣泄自己的情绪，学会自我调节，帮助自己摆脱不良情绪的困扰。

最好的办法是做一些自己喜欢的事情。比如，想出去散散步，就和准爸爸或者好朋友一起出去活动一下；想听听音乐，就选择自己喜欢的音乐听，也可以大声唱出来；或者泡泡澡、好好睡一觉……都能够帮你缓解紧张情绪，增加食欲，有助于排烦解闷，稳定情绪。

孕妇奶粉的选择方法

孕妇奶粉是根据孕妈妈孕期特殊的生理需要而特别配置的，能全面满足孕期的营养需求，比鲜奶更适合孕妈妈饮用。目前，市售的鲜奶大多只强化了维生素A、维生素D和一些钙元素等营养素，而孕妇奶粉几乎强化了孕妈妈所需的各种维生素和矿物质。比如，孕妇奶粉中的钙元素是普通牛奶的3.5倍，可以为孕妈妈和胎儿提供充足的钙，预防缺钙性疾病。

喝孕妇奶粉，要根据具体情况具体对待。对于健康的孕妈妈来说，可以选择添加营养成分比较全面而均衡的奶粉。孕妈妈如果存在缺铁、缺钙等营养缺乏问题，可以着重选择相应营养含量较多的奶粉；如果孕期血脂升高，可以选择低脂奶粉。喝孕妇奶粉就不需要再喝牛奶了。

宝宝最爱听妈妈唱歌了

孕妈妈亲自为胎宝宝哼唱歌曲，产生的物理振动，能使胎宝宝得到情感上的满足，还能让胎宝宝记住孕妈妈的声音和音乐的节奏，加深孕妈妈和胎宝宝之间的感情，使胎宝宝对音乐产生兴趣，陶冶情操，培养完善的性格。另外，唱歌还能使孕妈妈心旷神怡，改善不良情绪，创造良好的心境。

因此，孕妈妈只要一有时间，就可以哼唱一些歌曲，向腹中的宝宝传达爱意，这对于胎宝宝来说是世界上最好听的歌声了！

给胎宝宝更多的赞美

带有正面感情色彩的语言会令胎宝宝产生愉快的情绪，给他带来安慰，使他情绪良好，而乐观积极的感情有助于宝宝长大后成功地适应社会。因此，孕妈妈和准爸爸要给胎宝宝更多的赞美，尽量多使用带有赞许、亲昵感情色彩的句子，如"我家宝宝真棒啊""今天宝宝真乖呢"等。

在与胎宝宝说话前，孕妈妈要调整好自己的情绪，态度自然地与胎宝宝说话。如果孕妈妈心情不好，却佯装愉快，胎宝宝会从中感到某种不自然而心绪不安。

维生素补充过犹不及

维生素是维持人体正常功能不可缺少的营养素，对孕妈妈和胎宝宝尤为重要。孕期的营养关键在"全"和"够"，即孕妈妈摄入的各种营养素种类要齐全，数量要能满足自身和胎宝宝发育的需要。孕妈妈对维生素的需求量是要有所增加，但只要膳食正常，一般是够用的。而在整个孕期连续大剂量服用维生素不但没有必要，反而有害。

研究表明，过多服用鱼肝油，会导致胎宝宝畸形，过量服用维生素A可使孕妈妈食欲降低，过多服用维生素D会引起肾损伤，胎宝宝骨骼发育异常；过多服用维生素 E 会干扰凝血机制；过多服用维生素C会诱发尿路结石及突然停用产生维生素C缺乏症等。因

此，孕妈妈不可盲目服用维生素药剂，如病情需要，应遵医嘱服用，以免影响自身和胎宝宝的健康。

诗歌《你是人间四月天》

　　《你是人间四月天》是林徽因著名的诗篇，其温润柔美的风格，充分反映了女性细腻、深情的特征，字里行间诠释的都是爱与希望，浓烈的情感用排比的手法一波波袭来，伴以音乐般的明快节奏，使诗歌不仅美而且易于吟咏，朗朗上口。孕妈妈将这首诗与胎宝宝共享吧！

我说你是人间的四月天；

笑响点亮了四面风；

轻灵在春的光艳中交舞着变。

你是四月早天里的云烟，

黄昏吹着风的软，

星子在无意中闪，

细雨点洒在花前。

那轻，那娉婷，你是，

鲜妍百花的冠冕你戴着，

你是天真，庄严，

你是夜夜的月圆。

雪化后那片鹅黄，你像；

新鲜初放芽的绿，你是；

柔嫩喜悦，

水光浮动着你梦中期待的白莲。

你是一树一树的花开，

是燕在梁间呢喃，

——你是爱，是暖，是希望，

你是人间的四月天！

🦶 去聆听大自然

　　天气晴朗的日子，孕妈妈可以到公园、郊外走走，听听小鸟唱歌，昆虫合鸣，流水淙淙……让胎宝宝和你一起在音乐的自然景色中徜徉。这些最自然的天籁之音，会让胎宝宝感到新奇有趣，孕妈妈也会感到宁静而满足。

　　另外，孕妈妈也可以听一些关于大自然的曲子，比如《杜鹃圆舞曲》《春野》《田园》等，这些音乐曲式都比较清新欢快，听一听顿时就充满了活力与喜悦，还可以让胎宝宝感受到大自然的美好气息，对这个世界充满好奇。

🦶 想象胎宝宝的样子

　　胎宝宝还只是一个"小芽儿"。没有关系，你也可以想象一下他的模样。

　　想象一下，他会长得像谁？他的性格是什么样的？你希望他将来成为一个什么样的人？当那些想象中的画面一一出现时，你身上的每一个细胞都会变得兴奋而充满活力。

有些科学家认为，在母亲怀孕时如果经常想象孩子的形象，在某种程度上会与将要出生的胎儿比较相似。因为母亲与胎儿在心理与生理上是相通的，孕妇的想象和意念是构成胎教的重要因素。母亲在构想胎儿形象时，会使情绪达到最佳状态，使体内具有美容作用的激素增多，使胎儿面部器官的结构组合及皮肤的发育良好，从而塑造出自己理想的胎儿。

看看喜剧电影

孕妈妈应保持愉悦、欢畅的心情，将幸福的感觉传递给胎宝宝。因此，可以看看搞笑的电影，比如轻松愉快的喜剧、动画片等，经常欢笑可以加快血液循环，有强心健脑、促进呼吸、改善消化、降压健身等功能。孕妈妈情绪稳定祥和，胎宝宝才会有安全感，能安心倾听，学到更多的东西。

长长的孕期中，孕妈妈并不能完全避免受到不良情绪的影响，如果能学会保持良好的心态，就更容易感到快乐。让生活中多一点趣味和轻松，多一点笑容和乐观，就没有克服不了的困难，不会愁眉苦脸、忧心忡忡了。

多摄入有助于保持好心情的食物

不好的情绪和心理对孕妈妈和胎宝宝都会产生不良的影响，所以，孕妈妈要学会自我调节与放松。下列食物就可以帮助孕妈妈赶走坏情绪：

豆类食物：大豆中富含人脑所需的优质蛋白和8种必需氨基酸，这些物质都有助于增强脑血管的机能。身体运行畅通了，孕妈妈的心情自然就舒畅了。

菠菜：菠菜除含有大量铁元素外，更有人体所需的叶酸。人体若缺乏叶酸会导致精神疾病，包括抑郁症和阿尔茨海默病等。

香蕉：香蕉可向大脑提供重要的物质酪氨酸，使人精力充沛、注意力集中，并能提高人的创造能力。此外，香蕉中含有使神经"坚强"的色氨酸，还能形成一种叫作"满足激素"的血清素，它能使人开朗，感受到幸福，预防抑郁情绪的产生。

孕3月
斯瑟蒂克胎教

父母在胎教时，决不能忘记对孩子的爱和对他的祝福。如果以生"天才儿童"为目的而进行胎教的话，就会使腹中的胎儿感到是被迫的，并由此不愿倾听父母对他所讲的一切，做母亲和父亲的千万不要失去你的真心。

——实子·斯瑟蒂克

一、（怀孕9～12周）
胎宝宝的样子

　　宝贝，这个乳名你喜欢吗？以后这就是你的小名了，妈妈叫你的时候，你要给个反应啊。关于你的大名，爸爸妈妈还在讨论当中，这可是一件大事。要起一个好名字，爸爸妈妈，还有爷爷奶奶、外公外婆都操碎了心。宝宝你放心，我们最后一定会给你选一个最响亮、最好听的名字的！

　　胎儿的大脑、眼睛、嘴、内耳、消化系统、手、脚开始发育。整个身体中头显得格外大，几乎占据了身长的大部分，面颊、下颌、眼睑及耳廓已发育成形，颜面更像人脸。 尾巴完全消失，眼睛及手指、脚趾都清晰可辨。

　　因为胎宝宝的皮肤是透明的，所以可透过皮肤清楚地看到正在形成的肝、肋骨和皮下血管，心脏、肝脏、胃肠更加发达。

　　胎宝宝自身形成了血液循环，肾脏也发达起来，已有了输尿管，胎宝宝可排出一点点尿，但骨骼和关节尚在发育中。

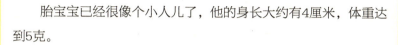

胎宝宝已经很像个小人儿了，他的身长大约有4厘米，体重达到5克。

胎宝宝正在悄悄地迅速地长大。现在他基本的细胞结构已经形成，身体所有的部分都已经有了，包括胳膊、腿、眼睛、生殖器以及其他器官，但是这些器官还处于发育阶段。

怀孕第9周，胎宝宝的生长速度加快，身长达到约6厘米，体重达到19克。在此期间，胎儿身体的许多细微之处开始表露出来，例如手指甲、绒毛状的头发等，胎儿的生殖器开始成长。

本周胎儿头部占胎儿身长的一半，宝宝的主要器官，比如肝、肾、肠道、脑和肺都已经发育好了，还开始工作了。胎儿的耳朵在头的侧面较高的位置，但尚未完全成形。牙齿胚芽开始形成。

到这个月末，胎宝宝身长大约有9厘米，仍不如你的手掌大，但是，他从牙胚到指甲，身体的雏形已经发育完成。手指和脚趾已经完全分离，一部分骨骼开始变得坚硬，并出现关节雏形。胎宝宝越来越淘气，他时而踢踢腿，时而舒展一下小身体。他的大脑体积越来越大，占了整个身体的一半左右。内脏更加发达，小小的肾脏已经形成，并开始制造尿道，准备进行排泄。

二、（怀孕9～12周）孕妈妈的身体变化

宝宝，不知不觉你在我的肚子里已经3个月了，妈妈现在越来越真实地感觉到你的存在，你是一个独立的生命个体！妈妈常常忍不住抚摸肚皮，一边问你在哪里，一边想象正在抚摸一个真实的你。宝宝喜欢这样跟妈妈玩捉迷藏吗？等你出生了，走路了，会跑了，就和妈妈一起玩真正的捉迷藏吧。

你现在的子宫已增大了2倍，大概有网球那么大。随着子宫逐渐增大，你会感觉到整个身体都在发生变化。虽然你的体重没有增加太多，但是乳房胀大了不少，乳头和乳晕颜色加深。你可能常感到腿部紧绷发疼，腰部酸痛。你的头发和皮肤也在发生着细微的变化。你可能感觉头发很厚、有光泽，或油腻、薄、柔软，记住一定不要烫发或染发。恶心、呕吐的不适感让你很难高兴起来，有时你会感觉自己很孤独，其实大多数的孕妈妈都会体验这种状态。

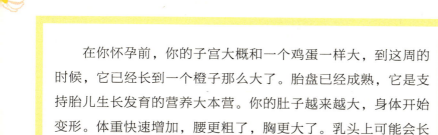

在你怀孕前，你的子宫大概和一个鸡蛋一样大，到这周的时候，它已经长到一个橙子那么大了。胎盘已经成熟，它是支持胎儿生长发育的营养大本营。你的肚子越来越大，身体开始变形。体重快速增加，腰更粗了，胸更大了。乳头上可能会长出白色的小微粒，这些微粒内含有白色的润滑剂，提前为母乳喂养做好准备。

你的子宫现在看起来像个柚子，子宫随胎儿生长逐渐增大，宫底可在耻骨联合之上触及，胎儿已经充满了整个子宫。体内的血液在增加。正常孕妈妈体内有5升血，到分娩时将增加1升——血量几乎增加了20％。当你制造更多血液时，血压将恢复正常，头晕目眩、疲劳和头脑混乱的症状会有所减轻。

你的子宫随着宝宝的长大而逐渐增大，妊娠12周时，在肚脐和耻骨联合之间可以摸到子宫上缘。由于子宫变得更大了，不再能适应它原来的正常位置——骨盆了，它正在向腹部平和地推进。过去宽松的衣服，现在虽然还可以穿，但是你会明显感觉到腰变粗了，同时，你的臀部正在变得丰满，这是为子宫的生长腾出更多的空间。现在你的皮肤可能有些变化，脸和脖子上不同程度地出现一些深浅不一的色素沉着，从肚脐到耻骨出现一条黑褐色的妊娠线。

斯瑟蒂克提醒：准爸妈必读

- **保证营养充足，饮食多样化**

　　胎儿发育需要大量的营养，同时，母体的新陈代谢、消化能力加大，也需要营养。因此，孕妈妈饮食应多样化，全面吸收营养。

- **注意生活细节，预防流产**

　　这段时期也非常容易流产，孕妈妈在生活细节上一定要多加小心。每天保持情绪愉快，不要常去公共场所，可以坚持做轻松、不费力的运动，如柔软体操和散步，避免剧烈运动，最好不要行房事，不熬夜，作息规律，每天淋浴，如果下腹疼痛或者出血，应立即去医院就诊。

- **不要喝碳酸饮料**

　　可乐等饮料中含有咖啡因，能迅速通过胎盘作用于胎儿，有可能会造成先天性疾病。因此，孕妈妈一定要避免喝碳酸饮料。

• 适当补充钙和磷

　　孕期钙的摄取与宝宝乳牙的发育及钙化关系密切，孕妈妈每天需要补钙 1.5 克，食物中钙最丰富的来源是奶和奶制品；磷也是建造骨骼和牙齿的重要矿物质，广泛存在于动植物食品中，鱼脑中含有丰富的脑磷脂和卵磷脂，是补脑佳品，孕妈妈不妨吃一些。

• 养成细嚼慢咽的好习惯

　　受怀孕的影响，孕妈妈的消化功能减退，吃饭时应尽可能地细嚼慢咽，使唾液和食物充分混合，刺激消化器官，促使其吸收更多的营养素；另外，此时进行咀嚼练习，还能提高胎宝宝的牙齿质量。

• 温热补品勿多服

　　女性妊娠期间，脏腑经络之血全部注于冲任以养胎，全身处于一种阴血偏虚、阳气相对偏盛的状态，因此，很容易出现"胎火"。如果再经常服用温热性的补药、补品，如桂圆、人参、鹿茸、阿胶等，势必导致阴虚阳亢，使孕吐、水肿、高血压、便秘等加重，甚至流产或者死胎。所以，孕妈妈千万不要长期或者随便服用温热性补品。

补充维生素和锌

缺乏维生素，其他营养素也没法发挥功效；如果缺锌，胎宝宝的生长会非常缓慢。因此，孕妈妈要合理补充维生素和锌，补充维生素 A 和维生素 C，可吃些鸡蛋、牛乳、水果、蔬菜等；含锌量高的食物有猪肉、牛肉、羊肉、鱼类、蛋类、动物肝脏等，花生、小麦、核桃仁、豆类含锌量也较高。

着装以宽松保暖为主

怀孕后，孕妈妈的胸围、腰围和臀围会发生较大改变，如果还穿紧身的衣服，会对呼吸及血液循环造成影响，甚至限制胎儿的活动。因此，要选择宽松舒适的衣服；另外，冬季要注意保暖，应穿厚实、宽松的衣服。

远离樟脑丸

樟脑丸挥发的气体会通过胎盘屏障进入到羊膜腔内，进而作用到胎宝宝，严重的时候可能引起流产，导致胎宝宝死亡。因此，妊娠之前，就要把家中的樟脑丸清除掉，孕妈妈更要少接触这些东西。

饮食清淡，少食咸味

怀孕期间，母体容易水肿，若食物中的盐分及碱类含量过多，会增加肾脏的负担，引发妊娠高血压综合征，威胁母婴的安全。所以，孕妈妈的饮食应尽可能清淡一些，每天食盐摄入量应在 5 克以下。

动物肝脏勿多吃

孕妈妈每天摄入的维生素 A 如果超过 15000IU（国际单位），会增加胎儿致畸的危险性，为了保障胎宝宝的健康和安全，孕妈妈最好不要多吃动物肝脏及其制品，可以多吃一些富含 β- 胡萝卜素的新鲜果蔬。

注意清洁

女性怀孕后，皮屑增多，汗腺和皮脂腺分泌旺盛，所以需要注意皮肤卫生，勤洗澡，以淋浴为主，避免产前感染。浴水的温度最好和体温接近，太凉或者太热会刺激皮肤，影响周身的血液分布。注意饥饿的时候或者饭后 1 小时内不宜洗澡。

三、（怀孕9～12周） 胎教重点

每个宝宝都喜欢父母的爱抚和夸奖，胎宝宝也不例外。这个时期，孕妈妈可以用爱抚法来抚摸胎儿，帮胎宝宝做做"体操"，和他沟通，交流感情。这样做不但能促进胎宝宝动作能力的发展，还会让他长大后反应更机敏！

爱抚宝宝

胎宝宝不光喜欢妈妈的声音，还喜欢妈妈的爱抚。孕妈妈可以隔着肚皮经常抚摸胎宝宝，帮助胎宝宝做运动。在抚摸的时候，心中要充满感情，注意动作要轻柔。同时，还要和胎儿进行对话，比如深情默念"宝宝以后要长成一个聪明健康的小宝贝啊""妈妈好爱你啊，宝宝"之类的话。

儿歌《两只老虎》

这是一首经典的儿童歌曲，曲调简洁优美，朗朗上口，可以让宝宝感受到幽默诙谐的音乐情绪。孕妈妈可以模仿老虎笨笨的样子，唱给胎宝宝听。

两只老虎，两只老虎，

跑得快，跑得快，

一只没有耳朵，

一只没有尾巴，

真奇怪！真奇怪！

准爸爸学堂

上回给宝宝讲了"花儿为什么这么香""花儿为什么会凋谢",准爸爸可以继续给胎宝宝讲一些自然现象,比如夏天为什么会下雨?冬天为什么会下雪?讲之前可以加上一些铺垫,比如:"宝宝,今天下雨了,妈妈没能带你出去。你知道什么是雨?为什么会下雨吗?爸爸来告诉你吧。"或者"宝宝,一年有四个季节,春、夏、秋、冬,夏天经常下雨,冬天会下雪,你知道为什么吗?"

下雨和下雪都是自然现象,是空中的水汽遇冷凝结后又重新落到地面上的过程。在地球上,水是不断循环运动的,海洋和地面上的水受热蒸发到天空中,这些水汽又随着风运动到别的地方,当它们遇到冷空气便形成降水,又重新回到地球表面。这种降水分为两种:一种是液态降水,这就是下雨;另一种是固态降水,这就是下雪或下冰雹等。

夏天为什么会下雨?

地球上的水受到太阳光的照射后,就变成水蒸气被蒸发到空气中去了。水蒸气在高空遇到冷空气便凝聚成小水滴,这些小水滴在空中聚成了云。它们在云里互相碰撞,合并成大水滴,当它大到空气托不住的时候,就从云中落了下来,形成了雨。

冬天为什么会下雪?

雪花生长在一种既有冰晶又有过冷水滴的云体里,这种云称为冰水混合云。在这种云体内,水汽凝华形成雪花,雪花飘落的过程中,和其他雪花黏附在一起,慢慢长大,成为像棉花又似鹅毛的雪团。当空气中的气流托不住这些雪花时,它们便从云层中飘落下来,如果这时低层空气的温度在0℃以下,雪花降落到地面,就是人们所见到的皑皑白雪。

孕妈妈可以适当地读书学习

妈妈勤动脑，宝宝更聪明。母体与胎儿之间有着天然密切的信息交流，胎宝宝虽然小，却能感知母亲的思想。因此，怀孕期间孕妈妈的思想活动对胎儿大脑发育的影响至关重要。如果孕妈妈能保持旺盛的求知欲，适当地读书学习，勤于动脑，那么，胎儿也能从母体中获取积极的信息，从而促进大脑生长发育，有助于他形成进取向上的精神。

注意，读书学习要在保护眼睛和保证休息的前提下进行。

多摄入有利于胎宝宝大脑发育的食物

本月是胎宝宝大脑发育的关键时期，因此，孕妈妈要有意识地摄入有利于胎宝宝大脑发育的食物。

- **脂质：** 对大脑来说，脂质是第一重要成分，占脑细胞的60%，它是大脑细胞的建筑材料。这里的脂质是指结构脂肪，即多不饱和脂肪酸，可分为ω-3和ω-6多不饱和脂肪酸。其中ω-3不饱和脂肪酸同维生素、矿物质一样是人体的必需品，不足容易导致心脏和大脑等重要器官功能障碍。

ω-3不饱和脂肪酸中对人体最重要的两种不饱和脂肪酸是EPA和DHA。EPA是二十碳五烯酸的英文缩写，具有清理血管中的垃圾（胆固醇和三酰甘油）的功能，俗称"血管清道夫"。DHA是二十二碳六烯酸的英文缩写，具有软化血管、健脑益智、改善视力的功效，俗称"脑黄金"。

- **蛋白质：** 蛋白质虽不是大脑的主要建筑材料，仅占脑细胞的35%，但它是大脑兴奋和抑制作用的机构单位，必须有它，大脑才能充分发挥记忆、思考等功能。

- **葡萄糖：** 葡萄糖是提供脑细胞活力的能源。

- **维生素、钙、磷：** 维生素和钙、磷等在大脑中所占的比例虽然不高，却是脑部发育的必需物质。这些营养素大部分是母体自身不能制造的，必须靠膳食供给（表3-1）。

表3-1　有助胎儿脑发育的最佳食物表

类别	名称
粮谷类	小米、玉米等
干果类	核桃、芝麻、花生、松子仁、南瓜子、栗子、杏仁等
蔬菜类	黄花菜、香菇等
水产类	深海鱼、海螺、牡蛎、虾、鱼子、海带、紫菜等
禽类	鸭、鹌鹑、鸡等

抚摸胎教应有规律性

抚摸胎教的时间一般以早晨和晚上为宜，每次时间不要太久，5~10分钟即可。

首先，孕妈妈在床上仰卧，头部不要垫太高，全身放松，呼吸均匀，心平气和，面部呈微笑状；也可以将上半身垫高，采取半仰卧姿势。不管哪种姿势，以感觉舒适为准。在腹部松弛的情况下，双手轻轻放在胎儿位上，然后从上到下，从左往右，轻柔、缓慢地抚摸胎儿，想象你的双手正抚摸着可爱的小宝宝，心中充满了喜悦，同时，用幸福的语调和胎宝宝讲话，交流感情。

发自内心地微笑

孕妈妈发自内心地微笑，能够改善心情，给宝宝最好的安慰，也是胎宝宝不可缺少的胎教内容。因此，孕妈妈每天清晨面对镜子，先给自己一个发自内心的、充满爱和快乐的微笑，同时，想象胎宝宝正在欢喜地接受你的笑容，也在对着你微笑。

微笑的同时，孕妈妈可以和胎宝宝对话，告诉他你对他的爱，也可以讲讲生活趣事，或者给他最美好的祝愿：愿他能永远微笑着面对人生的风风雨雨……

多食用富含纤维素的食物，赶走便秘和腹泻

孕妈妈小冉这些天可烦恼了，因为妊娠反应吃不下东西，又深受便秘的困扰。

症状及原因

孕早期，很多孕妈妈会出现便秘的状况。主要原因有如下几点：

● 由于妊娠反应较重，呕吐造成脱水，又因食欲缺乏，使人体没有补充充足的水分。

● 孕激素的大量分泌引起胃功能下降，蠕动减慢。

● 大量进食高蛋白、高热量的食物，蔬菜摄入量少，缺乏膳食纤维。

● 担心流产，过度养胎，缺乏必要的运动。

一般情况下，3天不排便就算是便秘，而有些孕妈妈即使只有一天不排便，也会觉得很痛苦，这也是便秘。总之，如果和孕前相比，排便情况变化明显且比较痛苦就算是便秘。在便秘的情况下，腹内积累的毒素不利于机体代谢，会影响身体健康，所以，孕妈妈超过5天不排便就应该到医院就诊。

饮食调理

● 每天注意多饮水并掌握饮水技巧。可以在每天早晨空腹时，大口大口地饮用温开水，使水来不及在肠道吸收便到达结肠，促进排便。

● 吃水分多的食物，如苹果、葡萄、桃子、梨、冬瓜、牛奶等。

● 吃含膳食纤维多的食物，如芹菜、红薯、豆类、玉米、韭菜、紫菜等。

● 吃有助于胃肠蠕动以及含脂肪酸的食物，如蜂蜜、香蕉、核桃、松子仁、芝麻等，能使肠道润滑，帮助排便。

● 可将核桃、酸奶、烤紫菜、青梅干作为零食，不但富含营养，还可改善便秘。

食疗方推荐：

牛奶香蕉木瓜汁：将木瓜、香蕉、牛奶放在一起榨成汁，每天晚上睡觉前喝一杯。如果便秘比较严重，可以把剩下的水果纤维也一起吃下，坚持3天就会有很好的效果。要注意的是，少量食用香蕉可促进排便，但过量食用反而会引起便秘。

无花果粥：无花果30克，大米100克。先将大米加水煮沸，再放入无花果煮成粥。服用时可加适量蜂蜜或白糖，也可根据个人口味，将无花果换成核桃、芝麻等。

● 生活调理

每天坚持做适量的运动，保证每周有2~3次健身活动。适量的运动可以增强孕妈妈的腹肌收缩力，促进肠道蠕动，预防或减轻便秘。避免久站、久坐，工作时每隔2小时起来活动一下身体。

一般在进食后最容易出现便意，一旦出现便意，应及时如厕排便，切不可形成忍便的习惯，这样非常容易导致便秘。排便时，要保持放松的心态，即使未排出也不要紧张，否则会加重便秘的症状。排便时，不要看书、看报，避免因精神压力加重便秘。

● 慎用中药

有些孕妈妈认为，使用中药通便不良反应小。实际上，常用的通便中药，如大黄、火麻仁、番泻叶及麻仁丸、麻仁润肠丸等，都有可能引起流产或早产，孕妈妈一定要慎用，特别是有习惯性流产史的孕妈妈更要禁用。

另外，在整个妊娠过程中，孕妈妈消化功能下降，抵抗力减弱，易发生腹泻。在孕早期，腹泻不仅会导致孕妈妈损失营养素，还会因肠蠕动亢进而刺激子宫，甚至可能引发流产。因此，孕妈妈在孕早期饮食要特别讲究卫生，食物一定要干净、新鲜，以防发生腹泻。

在胎宝宝的位置轻柔缓慢地抚摸、触压

由于黑暗的宫内环境限制了视觉的发展，胎宝宝的触觉和听觉更为发达，基于这个原因，抚摸胎教的实施才有了更好的基础。孕妈妈可以在腹部松弛的情况下，来回抚摸、触压胎宝宝，注意动作要轻柔，以免用力过度引起意外。触压、抚摸胎宝宝时，孕妈妈要随时注意胎宝宝的反应，可以一边抚摸一边呼唤胎宝宝的名字，还可以跟胎宝宝说话。

装扮自己，做靓丽孕妈

爱美之心，人皆有之，女人的爱美之心更甚。怀孕期间，孕妈妈也可以打扮得美美的，打造一个自信的、出色的、靓丽的自己，这样心情自然就会变得愉悦、平和，胎宝宝也会跟着高兴。

孕妈妈可以根据自己的风格，选择天然纤维、莱卡、棉麻混纺等质地的衣服，轻薄透气又舒适；现在市面上有很多孕妈妈服出售，怀孕的女性也可以选择适合自己的服装。总之，无论是上班，还是居家，或者出去聚会，孕妈妈都可以好好装扮一下自己，外表自信，一天都会拥有好心情。

接受美的熏陶，学习美学知识

孕妈妈可以经常到空气清新、风景秀丽的地方，如公园、郊外等，领略大自然的优美风光，把内心的感受描述给胎宝宝听；还可以到艺术馆去欣赏绘画、书法、雕塑等作品，接受艺术熏陶，把美的信息传递给胎宝宝。

此外，孕妈妈还可以学习点美学知识，比如布置家居房间、绿化庭院、设计制作宝宝的小衣服等，不仅能提高审美能力，改善情绪，而且可以美化内心世界，使胎宝宝置身美好的母体环境中，受到美的熏陶。

科学摄取维生素E

维生素E在人体内作用最为广泛，比任何一种营养素都大。维生素E还有一个名称——生育酚，能维持生殖器官的正常功能，促进卵泡的成熟，增加孕酮的作用。对于孕妈妈来说，缺乏维生素E有什么危害呢？又该怎样科学地摄取维生素E呢？

● 缺乏维生素E的危害

孕早期缺乏维生素E，可导致婴儿先天性畸形，如露脑、无脑、脊柱侧突、脐疝、足趾畸形及唇腭裂等，并可导致婴儿出生时低体重。维生素E还与胎宝宝眼球晶状体的发育有关，孕妈妈缺乏维生素E可引起胎宝宝先天性白内障。另外有研究认为，孕妈妈缺乏维生素E容易致婴儿贫血。

● 合理地摄取维生素E

我国营养学会推荐孕妈妈的维生素E供给量为每天12毫克。由于维生素E属于脂溶性维生素，不像水溶性维生素能自动排出体外，长期服用可蓄积在体内引起不良反应，如血栓性静脉炎、肺栓塞、下肢水肿、血清胆固醇升高等，并可能使免疫功能下降，因而，对大剂量维生素E的食用应加以限制。

● 富含维生素E的食物

维生素E广泛分布于植物组织中，特别良好的来源为麦胚油、玉米油、花生油及芝麻油等。几乎所有绿色植物中都含有维生素E。此外，猪油、猪肝、牛肉以及杏仁、土豆中也含有维生素E。只要孕妈妈在饮食上做到多样化，维生素E就不会缺乏。维生素E与适量的维生素C、硒一起摄入时，其吸收能力会有所提高。但当铁摄入量较高时，维生素E的吸收能力会被降低。需要注意的是，维生素E不稳定，储存及烹调过程中均会有损失。

锻炼腹背部肌肉，保持平衡

此时孕妈妈的腹部逐渐隆起，为了减轻胎儿体积继续变大带来的腰部疼痛，应该主要锻炼腹背部肌肉，同时培养保持平衡的能力。

肩部运动：盘腿而坐，身体保持放松，两肩先从后向前、再从前向后进行移动。此方法可以使肩部的关节变得柔软，并能缓解紧张的感觉。

平衡练习：双手抓住椅背或者把双臂张开以保持平衡，抬起脚后跟，然后再轻轻放下。这个练习可以更好地支撑日渐增重的身体，提高孕妈妈掌握身体重心的能力。

营造良好的家庭氛围

在整个妊娠过程中，孕妈妈大多数时间在家中度过，家庭气氛的和谐对胎宝宝的生长发育影响很大。在和睦相处的氛围中，孕妈妈会获得温馨的感受，胎宝宝也能获得良好的熏陶，从而促进身心的健康发育。

良好的家庭氛围需要夫妻双方共同营造。一方面，孕妈妈自己要注意调节不良情绪；另一方面，准爸爸要积极热忱地为孕妈妈及胎宝宝做好服务，主动承担家务，常常陪伴妻子，不争执，活跃家庭气氛，增添夫妻情趣，使孕妈妈身心愉快。

吃酸有讲究

孕妈妈怀孕后，胎盘分泌的某些物质有抑制胃酸分泌的作用，能使胃酸明显减少，消化酶活性降低，并会影响胃肠的消化吸收功能，从而使孕妈妈产生恶心呕吐、食欲下降、肢软乏力等症状。由于酸味能刺激胃分泌胃液，有利于食物的消化和吸收，所以，多数孕妈妈都爱吃酸味食物。

从营养角度来看，一般怀孕2~3个月后，胎儿骨骼开始形成。骨骼的主要成分是钙，但是，要使游离钙形成钙盐在骨骼中沉积下来，必须借助酸性物质。酸性食物大多富含维生素C，维生素C也是孕妈妈和胎儿所必需的营养物质，是胎儿形成骨骼、牙齿、结缔组织及一切非上皮组织间黏结物所必需的营养素，维生素C还可增强母体的抵抗力，促进孕妈妈对铁的吸收。

👣 儿歌《数鸭子》

这首儿歌亲切生动，饶有情趣，曲调活泼甜美，节奏欢快，易学易唱，是一首耳熟能详的歌曲。孕妈妈在唱的时候，可以想象小鸭子的模样，还可以让准爸爸模仿一下，会让你和胎宝宝更开心。

门前大桥下，
游过一群鸭，
快来快来数一数，
二四六七八。
嘎嘎嘎嘎，
真呀真多呀，
数不清到底多少鸭，
数不清到底多少鸭。
赶鸭老爷爷，
胡子白花花，
唱呀唱着家乡戏，
还会说笑话。
小孩小孩，
快快上学校。
别考个鸭蛋抱回家。
别考个鸭蛋抱回家。
门前大桥下，
游过一群鸭，
快来快来数一数，
二四六七八。

Part 04
孕4月
斯瑟蒂克胎教

多外出散步，增长见识 。外出散步，无论是看到什么，如车辆、商品、行人、植物，都可以将它们变成有趣的话题，细致地描绘给胎儿听。例如，路上遇见邮差，便告诉胎儿邮差穿什么样子的制服，邮差可以帮我们派信等。

——实子·斯瑟蒂克

一、（怀孕13～16周）胎宝宝的样子

　　宝宝，妈妈今天心情特别好，就和爸爸一起去逛母婴店了。本来打算给自己买孕妇装的，但是一看到可爱的宝宝装就挪不开眼睛了。那么小，那么精致，那么可爱，妈妈恨不得全买下来给宝宝准备着。等宝宝出生了，妈妈一定把你装扮成最漂亮、最可爱的小baby，好不好？宝宝快点长大吧！

　　第13周，胎儿胎长约10厘米，胎重达到了约25克。双顶径的平均值为2.52±0.25厘米，腹围的平均值为6.90±1.65厘米，股骨长为1.17±0.31厘米。

　　胎儿手指的指甲开始生长并开始形成皱纹，20颗乳牙的牙根开始形成，声带开始形成，肺、胃、肝脏、胰腺等内脏开始能够发挥作用。他的眼睛在头的额部更为突出，两眼之间的距离缩小，手指开始能与手掌握紧，脚趾也可以弯曲了，眼睑仍然紧紧地闭合。

胎儿耳朵从颈部逐渐向头部移动，男女生殖器有了明显的区别，消化腺和声带完全形成，味蕾伸长，胃内消化腺和口腔内唾液腺开始形成。

如果胎儿是个女孩子，她的卵巢里现在大约有200万个卵子，出生时就仅存100万个了，在她成长过程中，会越来越少，到17岁时可能仅剩20多万个。另外，胎宝宝的腹壁开始增厚，有了一定的防御能力，以保护内脏。

胎宝宝的头顶上开始长出细细的头发，眉毛也长出来了。薄薄的皮肤上有一层细绒毛，好像是一条细绒毯盖在身上。随着孕周的增加，这层绒毛会逐渐减少，通常在出生时就会消失。

到第16周，胎宝宝的身长大约有16厘米，体重达到了150克，看上去如大人的拳头般大小。现在胎宝宝开始学会轻轻地打嗝了，这是呼吸的先兆，但是你听不到打嗝声，这是因为在他的气管里充满了羊水，而不是空气。此时，胎宝宝可以做许多动作，可以握拳头、眯起眼睛来斜视、皱眉头、做鬼脸，也开始会吮吸自己的大拇指。

二、（怀孕13~16周）
孕妈妈的身体变化

　　宝贝，妈妈今天铺开纸张，拿起笔，画了一幅画：圆嘟嘟的小脸，水汪汪的眼睛，红红的小嘴，乌黑倔强的短头发……真是一个可爱的宝宝啊！这就是妈妈心目中你的样子，宝贝，你满意吗？要是满意的话就照着这个样子长吧。妈妈相信，宝宝将来不论是像爸爸还是像妈妈，都会是最漂亮的宝贝！

　　本周，你是不是感觉自己又恢复了以前的活力呢？痛苦的孕吐消失了。再过两周甚至更短的时间，你就彻底不会再感觉恶心了。你的乳房、腹部正迅速地增大，可能会导致腹部和乳房的皮下弹力纤维断裂，在这些部位可能会出现暗红色的妊娠纹。有些孕妈妈在臀部和腰部也出现了妊娠纹。此时，你的子宫底在脐与耻骨联合之间，下腹部轻微隆起。现在，你看起来很像个孕妈妈了，原来的衣服开始变得不合体了。

孕早期的疲劳、恶心以及尿频的症状都已经减少。体内雌激素的增加，使你头发乌黑发亮，很少有头屑，现在是一生中难得的好发质。由于胎儿的成长需要更多的营养成分及氧气，所以，准妈妈的心脏负担达到了孕妈妈所能承受的最高值。孕妈妈现在体内雌激素水平较高，盆腔及阴道充血，阴道分泌物增多。准妈妈的皮肤偶尔会有瘙痒的症状出现，但是不会出现肿块。

你的子宫长大并长出骨盆，肚脐下会有明显的凸痕，可以在肚脐下方四横指左右的位置摸到自己的子宫。虽然激素急剧上升的状态已经减缓，但你可能仍会感到比怀孕前脆弱、敏感和易怒。随着孕周的增加，准妈妈的心肺功能负荷增加，心率增速，呼吸加快、加深等现象，这些都有可能会加重原有的焦虑情绪。

16周，这是一个让所有孕妈妈都非常期待的时刻。因为从现在起，你就能感觉到胎动的美妙了。实际上，一些孕妈妈在本周就能够感觉到"第一次胎动"了，但大多数人要等到第18周以后才会感觉到。如果你是第一次怀孕，也许还会更晚一些，直到20周才能感觉到宝宝的胎动。现在，你的体重可能已经增加了2.0~4.5千克。你的子宫已经重约250克了，羊水也继续增加，约有250毫升。血量和羊水的增加、胎盘和胎儿的支撑系统，以及变大的胸部使你的体重大大增加。

斯瑟蒂克提醒：准爸妈必读

保证膳食营养丰富

怀孕 4 个月后，胎儿生长发育加快，所需的各种营养的量有所增加，应及时增加各种营养丰富食物的摄取。每天的膳食应包括主食 400~500 克，副食鱼、肝、肉类 100~150 克，鸡蛋或鸭蛋 1~2 个，豆类 100~150 克，新鲜蔬菜 400~500 克，新鲜水果 100~150 克，鲜牛奶等 250 毫升。

少吃土豆

土豆中含有较高的生物碱，特别是发芽、腐烂的土豆，会使人体中毒。孕妈妈如果长期大量食用含有生物碱高的土豆，会产生致畸的后果。因此，最好不要吃或者少吃土豆。

睡眠采取左侧卧位

胎儿不断生长发育，子宫逐渐增大，如果仰卧睡觉，子宫后压造成血液供应不足，会影响胎儿生长发育；怀孕后的子宫会不同程度地向右旋转，右侧卧位睡觉会使子宫进一步向右旋转，有可能造成胎儿缺氧，严重时可引起胎儿窒息。因此，孕妈妈无论在夜晚睡觉还是白天躺卧，都应采取左侧卧位，避免子宫压迫血管。

多补充铁

怀孕使得孕妈妈胎盘处的血液蓄积，如果摄取铁量不足，孕妈妈很可能出现贫血症状。为给胎儿供给充足的血液，摄取丰富的铁很重要。孕妈妈从怀孕初期就应在食物中补充铁，多吃菠菜、牡蛎、猪肝等；另外，还要摄入维生素 C，以提高铁的吸收率。

忌大笑不止

怀孕女性大笑的时候，腹部会猛然抽搐，使腹压增加，可能导致流产或早产。因此，孕妈妈笑的时候要有个度，不要大笑。

吃富含纤维素的食物，防便秘

怀孕期间由于肠蠕动减少及肠张力减弱，运动量减少，加上子宫及胎头的压迫，孕妈妈很容易便秘。因此，要注意饮食结构，多吃富含纤维素的食物，如芹菜、白菜、萝卜、红薯、小米等。坚持每天散步，养成定时排便的习惯，不能使用泻药。

饮食清淡，不宜多吃榴莲

榴莲所含的热量和糖分都比较高，孕妈妈经常吃会导致血糖升高，增加巨大儿的概率；榴莲中的纤维素在肠胃中吸水膨胀，会阻塞肠道，引起便秘；榴莲性温，吃多了还容易上火，引起孕妈妈胎热，损害胎儿健康。

• 健康喝水

孕妈妈多饮水，多排尿，能避免孕期常见的泌尿系统疾病，而且羊水充足，胎儿才能自由活动。因此，建议孕妈妈每天饮水 1.0~1.5 升，最好不要少于 1.2 升。鲜果汁也可适量饮用，可乐等碳酸饮料最好不要饮用。

• 慎养宠物

猫、狗身上潜藏的弓形虫等感染了孕妈妈后，可经血液循环到达胎盘，破坏胎血的绒毛膜结构，造成母体和胎儿之间物质交换障碍，导致胚胎死亡而发生流产，或因缺氧导致胎儿宫内发育迟缓或死胎。因此，孕妈妈不要饲养宠物，并应避免和其接触，也不要到养动物的人家或动物园去玩。

• 保持口腔卫生，牙龈出血勿大意

孕妈妈体内孕激素增加，使牙龈毛细血管扩张弯曲，容易引起牙龈炎，发生牙龈出血的现象。孕妈妈对此不可大意，因为牙床病细菌在其他部位感染，会通过脐带进入胎宝宝体内，危害胎宝宝。孕妈妈平时要做到勤刷牙、保持口腔卫生，多吃一些富含维生素 C 的新鲜水果和蔬菜，增强毛细血管的弹性。

适当吃些野菜

野菜中含有非常丰富的营养成分，孕妈妈的餐桌上可以时不时出现一道野菜，不但能补充营养成分，还能换换口味，激发食欲，对孕妈妈和胎宝宝都大有好处。

勿接触农药

农药毒性很强，怀孕期间接触多，会影响胎宝宝的中枢神经系统发育及性腺的分化，造成胎宝宝生长发育迟缓，出生后还可能发生器官功能障碍，不易喂养且易患病。因此，孕妈妈不要接触。

不要长时间吹风扇

孕妈妈新陈代谢旺盛，皮肤散热量比较大，比一般人的耐热能力差，如果长时间吹电风扇，会使动脉血压暂时升高，加重心脏负担，而且冷风乘虚而入，极易受凉感冒。因此，孕妈妈不要长时间吹风扇，吹的时候也不要直接对着吹，风速宜缓和。

三、（怀孕13~16周）胎教重点

每天在固定时间，最好是睡觉前（晚上9~10点）胎儿活动频繁的时候，孕妈妈可以对胎宝宝进行按摩，每次3~5分钟。这样做能够促进全身血液循环，增加胎盘供血，有利于胎宝宝健康发育，还可促进胎宝宝的身体刺激反应。

指按法，刺激胎宝宝身体反应

这时，孕妈妈已经能感觉到胎动了，可以用指按法对胎宝宝进行按摩。指按法的姿势与爱抚法相同：孕妈妈仰卧，全身放松，先用手在腹部来回抚摸，然后用手指轻按腹部的不同部位，并观察胎宝宝有何反应。开始时，动作宜轻，时间宜短，一般胎儿反应不明显，等孕妈妈的手法娴熟，并且和胎宝宝配合默契后，胎宝宝就会有明显反应。如果胎宝宝"拳打脚踢"，则说明胎儿不高兴了，应该立即停止动作。

鞋子的舞会

喜欢听故事是孩子的天性。孕妈妈要用亲切的语言将信息传递给胎宝宝，让他在文化氛围中发育成长。讲故事的时候，孕妈妈取一个舒服的姿势，精力集中，吐字清楚，声音和缓，避免高声尖叫，也要防止平淡乏味。

讲故事前可以说几句话铺垫一下。比如：宝宝，妈妈今天给你讲一个故事，叫《鞋子的舞会》。当我们进入梦乡的时候，我们的鞋子可忙了，开了一场热闹又有爱的舞会……

夜，非常安静，房间里只有轻微的呼噜声。床前的大黑皮鞋叹了一口气说："唉，真无聊！"

"是吗？"高跟鞋说，"如果你太无

聊，我们就来跳舞吧！"说完，弯下细腰向大黑皮鞋做了一个"请"的姿势。

月光从窗口照进来，红地毯就像是被聚光灯照亮的大舞台。高跟鞋在跳芭蕾舞，泡沫拖鞋在跳踢踏舞，平跟鞋在扭秧歌，大黑皮鞋在跳迪斯科，旅游鞋迈着太空步，一飘一飘地跳开了霹雳舞……

"啪啪"，一双红绒拖鞋从床角落里钻出来。她身上有一条可怕的大口子——鞋帮和鞋底儿裂开了，她没法儿跳舞，心里很难过。

桌子上针线盒里，一根看热闹的大针说话了："红绒拖鞋，你别伤心，我来帮你缝好！"

他拖着一根结实的长线跳下来，一头扎进鞋帮里，又一头扎进鞋底，"哎哟哟！"硬鞋底儿把他的脑袋尖夹住了，进不去，退不出，疼得大针泪花儿直滚。"锥子哥，快救命呀！"大针忍不住高喊。

锥子急急跳出针线盒："喔，大针，别害怕，我替你开路。"在锥子哥哥的帮助下，红绒拖鞋张着的大口子一点一点闭上了。"噢，谢谢，谢谢你们！"红绒拖鞋快乐得脸都红了！她优美地弯下腰请大针、锥子一起跳舞。

于是，红地毯上，红绒拖鞋、大针、锥子和各式各样的鞋子们都快乐地跳了起来。

突然，床上的人翻了一个身，喔，天快亮了！大家吓了一跳。他们踮起脚尖飞奔回原来住的地方，大气都不敢出一口。只有红绒拖鞋不肯回到床下的黑暗的角落里。

早晨，女主人起床了，看见曾经买来只穿过一天就裂了、想扔又舍不得扔的红绒拖鞋，吃惊得大叫："咦，我的拖鞋怎么变好了？"

她突然想起红绒拖鞋是被扔在床下的角落里的，她又吃惊地大叫："咦，我的红绒拖鞋怎么自己跑出来了？"

大针、锥子和所有的鞋子都忍不住笑，当然了，他们得拼命忍着不笑出声音来，要不然女主人听见了，一定会说："天哪！我该不是生活在童话里吧？"

准爸爸学堂：多下棋可以开发宝宝的潜能

下棋被称为"智慧体操"，是一种有益的智力运动，可以培养思维能力和记忆能力。此时，胎宝宝的大脑正在形成，脑部发育非常迅速，准爸爸多陪孕妈妈下棋，可以让孕妈妈多动脑，对胎宝宝的脑部进行刺激，开发潜能。

准爸爸一般比较了解下棋的规则和战术，如果孕妈妈以前不经常下棋，准爸爸可以教孕妈妈，孕妈妈也不用担心下得不好被取笑。

至于下哪种棋，可根据夫妻俩的喜好选择。围棋、象棋、跳棋、五子棋等都是合适的选择。

食用坚果好处多

对于胎儿大脑发育来说，需要的第一营养成分就是脂类（不饱和脂肪酸）。

坚果中含有的油脂以不饱和脂肪酸为主。另外，坚果类食物中还含有十几种重要的氨基酸，这些氨基酸都是构成脑神经细胞的主要成分。坚果还含有对大脑神经细胞有益的维生素 B_1、维生素 B_2、维生素 B_6、维生素 E 及钙、磷、铁、锌等营养素。因此，无论是对孕妈妈，还是对胎儿，坚果都是补脑益智的佳品。如果怀孕前因为坚果脂肪含量高而对它敬而远之，那么，现在你应该重新认识：脂肪对于胎宝宝脑部的发育是很重要的，而且坚果不会让你饿得那么快。

- **核桃**：补脑、健脑是核桃的首要功效。另外，核桃含有的磷脂具有增强细胞活力的作用，能够增强机体的抵抗力，还可以促进造血和伤口愈合。此外，核桃仁还具有镇咳平喘的作用。经历冬季的孕妈妈可以把核桃作为首选的零食。

- **花生**：花生的蛋白质含量高达30%左右，其营养价值可与鸡蛋、牛奶、瘦肉等媲美，而且易被人体吸收。花生皮还有补血的功效。

- **瓜子**：多吃南瓜子可以防治肾结石；西瓜子具有利肺、润肠、止血、健胃

等功效；葵花子所含的不饱和脂肪酸能起到降低胆固醇的作用。

- **松子：** 松子含有丰富的维生素A、维生素 E，以及人体必需的脂肪酸、油酸、亚油酸和亚麻酸。它具有防癌抗癌、益寿养颜、祛病强身的功效。

- **榛子：** 榛子含有不饱和脂肪酸，并富含磷、铁、钾等矿物质，以及维生素A、维生素 B_1、维生素 B_2、烟酸，经常吃可以明目健脑。

需要提醒的是，坚果对孕妈妈的身体保养和胎儿发育虽然有诸多好处，但凡事要有度，过犹不及。由于坚果类食物油性大，孕妈妈消化功能在孕期会减弱，如果食用过多的坚果，就会引起消化不良。因此，每天应将摄入量控制在50克左右。还有一个特别需要注意的地方，如果孕妈妈平时有过敏现象，最好避免食用某些容易引起过敏的食物，例如花生。

瑜伽直立式，锻炼平衡性

瑜伽直立式非常简单，开始的时候，先做基本站立式。把双脚平行分开站立，身体的重量全部平分到两脚上，双眼轻轻闭上，双膝放松，不要咬紧牙齿，舌头保持柔软，平放在口腔底部，不要抵住上腭。正常呼吸，保持这个姿势60秒，然后睁开双眼。将以上动作重复8~10次。

保持最佳状态，培养胎宝宝的性格

孕妈妈豁达乐观的情绪有助于胎宝宝的健康发育，也有助于宝宝出生后形成活泼开朗的性格。孕妈妈要为胎宝宝创设良好的宫内环境和精神世界，有意识地培养胎宝宝的性格。

如果是性格比较内敛和消极的父母，在胎儿阶段就更应注意，把自己的情绪调整到最佳状态，多想想开心和幸福的事，多看到事情美好的一面，把真善美讲给宝宝听，一方面，可以培养胎宝宝良好的性格，另一方面，也会无形中对自己性格中消极的一面进行转变。

诗歌《我的歌》（泰戈尔）

充满感情地给宝宝读一首诗吧。相信这首诗孕妈妈一定会有共鸣。

我的孩子，我这一支歌将扬起它的乐声围绕你的身旁，好像那爱情的热恋的手臂一样。我这一支歌将触着你的前额，好像那祝福的接吻一样。

当你只是一个人的时候，它将坐在你的身旁，在你耳边微语着；当你在人群中的时候，它将围住你，使你超然物外。

我的歌将成为你梦的翼翅，它将把你的心移送到不可知的岸边。

当黑夜覆盖在你路上的时候，它又将成为那照临在你头上的忠实的星光。

我的歌又将坐在你眼睛的瞳仁里，将你的视线带入万物的心里。

当我的声音因死亡而沉寂时，我的歌仍将在我活泼泼的心中唱着。

增加主食的摄入量

怀孕中期，胎儿的生长速度加快起来，此时需要增加热量供应，而热量主要从孕妈妈的主食中摄取，如米和面，再搭配吃一些五谷杂粮，如小米、玉米面、燕麦等。如果主食摄取不足，会使孕妈妈出现肌肉酸痛、身体乏力等症状。

和胎宝宝一起跳个舞吧

放一首优美舒缓的音乐，孕妈妈可以随着音乐律动轻轻摇摆身体，让音乐和羊水的振动一起抚慰胎宝宝。这种刺激对胎宝宝而言，是最美的享受之一。

另外，柔和并且具有律动的舞蹈，能够整合听觉和肢体的活动，还能帮助孕妈妈和胎宝宝的身体达成协调，提高孕妈妈的平衡能力。

选一张优美柔和的音乐CD

温和、动听、悦耳的轻音乐能使胎宝宝心律平稳，刺激胎宝宝的大脑发育；还能促进孕妈妈分泌酶和乙酰胆碱等物质，改善胎盘的供血状况，促进胎宝宝发育。可选择柔和优美的音乐放给胎宝宝听。

需要注意的是，孕妈妈听音乐的时候，不要戴耳机，音量应控制在45~55分贝。时间也不要过长，一般是5~10分钟，时间选在晚上比较好。

欣赏名画《母与子》（雷诺阿）

《母与子》是法国印象派画家雷诺阿1886年的名作，描绘的是丰满娇媚的年轻妈妈怀抱宝贝的温馨场景：胖嘟嘟的婴儿酣畅地吮吸着妈妈的乳汁，小脚丫悠然自得地摇晃着，年轻妈妈的脸上自然而然流露出为人母的骄傲和安逸。看着这样一幅画作，准妈妈是不是也感觉特别安详和爱意满满呢？

补充铁元素，避免孕期缺铁性贫血

孕4月，孕妈妈小欣经常感到头晕乏力，特别是蹲下后站起来时真是天旋地转。去医院检查，医生诊断说小欣患有缺铁性贫血，需要补铁。铁是人体必需的微量元素之一，是人体内含量最多，也是最容易缺乏的一种微量元素。

功效分析

铁是构成血红蛋白和肌红蛋白的原料，参与氧的运输，在红细胞的生长发育过程中构成细胞色素和含铁酶，参与能量代谢。孕周越长，胎宝宝发育越完全，需要的铁就越多。适时补铁还可以改善孕妈妈的贫血症状，进而改善身体、精神等各方面的状况。

缺乏警示

孕期缺铁会导致孕妈妈患缺铁性贫血，影响身体免疫力，使孕妈妈自觉头晕乏力、心慌气短，很可能会引起胎儿宫内缺氧，干扰胚胎的正常分化、发育和器官的形成，使之生长发育迟缓，甚至造成婴儿出生后贫血及智力发育障碍等。

每日剂量

怀孕期间，铁的摄入量要达到孕前的2倍，孕早期每日摄入量为15~20毫克，孕晚期每日摄入量为35毫克。

最佳食物来源

食物中的铁可以分为血红素铁和非血红素铁两大类。血红素铁主要存在于动物性食品中，如动物肝脏、肉类和鱼类，这种铁能够与血红蛋白直接结合，生物利用率很高。非血红素铁主要存在于植物性食品中，如深绿色蔬菜、黑木耳、黑米等，它必须经胃酸分解还原成亚铁离子才能被人体吸收。因此，并不是铁的良好来源。

注意事项：

◎维生素C能促进铁的吸收，所以，补铁时宜多进食富含维生素C的新鲜蔬菜和水果，如菜心、西蓝花、青椒、番茄、橙子、草莓、猕猴桃、鲜枣等。

◎最好用铁锅、铁铲烹调食品，这样可以使脱落下来的铁分子与食物结合，增加铁的摄入及吸收率。另外，在用铁锅炒菜时，可适当加些醋，使铁成为二价铁，促进铁的吸收利用。

◎牛奶中的磷、钙会与体内的铁结合成不溶性的含铁化合物，影响铁的吸收。因此，服用补铁剂的同时不宜喝牛奶。

安全运动，舒缓为主

孕妈妈可以坚持每天散步，或做舒缓的运动，比如轻松的体操、瑜伽等，但不管做什么运动，都要注意：避免做难度较大的动作，以免跌倒；避免做挤压和振动腹部的运动；避免做关节紧张的动作，防止腰部损伤；避免俯卧运动，以防子宫压迫下腔静脉；运动时衣着要宽松舒适，穿运动鞋，戴乳罩；运动前要做准备活动，将关节和肌肉活动开；还可以喝点水，这样运动时体热散得快，体温不会升太高。

儿歌《拔萝卜》

这是一首很有画面感的欢快儿歌，孕妈妈可以把《拔萝卜》的故事先讲给胎宝宝听，然后模仿人物的特点，把儿歌唱出来，和胎宝宝一起在童真的世界里玩耍吧。

《长胡子精灵》

从街头铺到街尾的长胡子，在胡子上坐滑梯，是不是很好玩？希望宝宝将来也是一个能带给别人快乐的人，也要做一个讲卫生的干净宝宝哦！

精灵城堡里住着一个长胡子精灵，他的胡子很长很长，走到哪儿胡子就拖到哪儿，胡子把街面的地板扫得干干净净，胡子却弄得脏兮兮的。他要花好多时间清洗脏胡子，非常麻烦，所以，长胡子精灵轻易不敢出门。

这一年春天，精灵城堡整整下了十多天的雨。雨水从窗口飞进来淋湿了长胡子精灵的胡子，胡子又脏又潮，好像有了气味。

"等天晴了，阳光好的时候，我就好好地清洗胡子，晒一晒。我更喜欢闻阳光晒在胡子上的香香味道。"长胡子精灵说。

几天后，雨停了，太阳出来了。长胡子精灵要洗胡子了，他站在阳台大声喊："有谁愿意帮我洗胡子、晒胡子吗？"

精灵们都很乐意帮他这个忙，全飞到长胡子精灵家里去，一起把长长的胡子从楼里拉出来，从阳台吊下去，铺在街道上。胡子从城堡的南街一直铺到城堡北街的街尾。水精灵飞起来从高空喷水把胡子打湿，很多精灵拿着大刷子刷胡子。湿湿的长胡子在阳光下闪着晶莹的水光，像一条流动的胡子河。

那些调皮的小精灵们可高兴了，有些小精灵把胡子当跳床，在胡子上蹦跳；有些小精灵把胡子当成河水，钻来钻去的玩游泳；有些小精灵把胡子当成滑梯，从胡子精灵的下巴爬上去，坐在胡子上滑下来，哇——好好玩呀，小精灵们玩得非常开心。大精灵看到了，也像小精灵那样坐胡子滑梯，乐得咯咯笑，开心得像一群孩子。后来，城堡里的精灵们都爬到胡子上去滑滑梯，从高高的楼顶上滑下来，从街的这头滑到街的那头。整个精灵城堡里充满了开心的笑声，像过节一样热闹。

精灵们玩够了，把胡子架起来晾在屋顶上，房子像盖上了丝绸纱巾，看起来很美很美。精灵们玩得很开心，胡子精灵看到自己的胡子能给大家带来这么多的快乐，也很高兴。从此以后更勤快地洗胡子、晒胡子了，他想让精灵们经常快乐。

后来，精灵城堡的精灵们决定设一个胡子节，那天整个城堡的精灵们都一起帮胡子精灵洗胡子、晒胡子，大精灵和小精灵一起像孩子一样开开心心地玩个够。

🦶 孕期补钙有讲究

孕期需补钙基本已成为一个常识，不过，何时补钙、怎么补、通过什么方式补，大多数孕妈妈并不是很清楚。

● 功效解析

钙是构成牙齿和骨骼的重要物质，99%的钙存在于骨骼和牙齿中，用以形成和强健牙齿、骨骼。钙离子是血液保持一定凝固性的必要因子之一，也是体内许多重要酶的激活剂。

钙可以被人体各个部分利用，能够维持神经肌肉的正常张力，维持心脏跳动，并维持免疫系统的机能。钙还能调节细胞核毛细血管的通透性。

● 缺乏警示

孕妈妈如果缺钙，很可能会影响胎宝宝的骨骼发育，产后易出现腰痛等不适，同时易患骨质疏松症，进而导致软骨症等，严重危害产妇的健康。缺钙还会导致孕妈妈对各种刺激变得敏感，容易情绪激动、烦躁不安，对胎教也很不利。

● 每日剂量

随着胎宝宝的成长，孕妈妈对钙的需求量也不断增多。早期建议每天补充钙元素800毫克；到了怀孕中期，每天补充1000毫克钙元素；孕晚期每天补充1200毫克钙元素。当然，也要注意自己补充之后的吸收情况，不是每个补钙的孕妇都不缺钙，如果只是补了但不吸收，就要更换补钙产品的品牌等。

● 最佳食物来源

鲜奶、酸奶及各种奶制品是补钙的最佳食品，当中既含有丰富的钙元素，又有较高的吸收率。虾米、小鱼、脆骨、蛋黄、豆类及豆制品也是钙的良好来源。

Part 05

孕5月
斯瑟蒂克胎教

随时与胎儿交谈。从早上到晚上就寝，一天里在做着什么，想着什么，都跟胎儿说。例如，早上起床，跟胎儿说早安，告诉他现在是上午，可以将当天的天气告诉胎儿。

——实子·斯瑟蒂克

一、（怀孕17～20周）胎宝宝的样子

宝宝，你知道吗？医生说，你现在可以用耳朵听见妈妈说话了，妈妈好高兴啊！从今天起，妈妈和爸爸将跟宝宝说更多的话，给你听更多美妙的音乐，有趣的故事，让我的宝宝掌握更多的知识。

胎儿从头到臀长约有18厘米，重150～200克。双顶径的平均值为3.97±0.44厘米，腹围的平均值为11.49±1.62厘米，股骨长为2.52±0.44厘米。

本周，胎儿的双眼还在紧闭着，但是已经变得更大了。眼睫毛和眉毛都长得更长了。胎儿开始形成褐色的皮下脂肪，生长速度开始放慢，白色的脂肪质包围脊椎的神经纤维，听觉开始发达。

胎宝宝开始频繁地胎动了，在这一周，他原来偏向两侧的眼睛开始向前集中。面部发育得更像人的样子，开始有最早的面部表情，还能皱眉、斜眼、做鬼脸。他的皮肤是半透明的，可以清楚地看见皮下血管，也能够看见全身开始长硬的骨骼。如果你怀的是男孩，宝宝的生殖器已经清晰可见，前列腺也正在形成了。

在孕中期做 B 超时，你可以看到胎宝宝在踢腿、屈身、伸腰、滚动以及吮吸他的大拇指。而且，现在可以清晰地分辨胎宝宝的性别了。

胎儿在本周最大的变化就是感觉器官开始按照区域迅速的发展。在脑部，分管触觉、味觉、嗅觉、视觉和听觉等神经细胞正在分化。

从孕20周起，胎宝宝的视网膜就形成了，开始对光线有感应，能隐约感觉妈妈腹壁外的亮光。胎宝宝的身长已达到25厘米，体重达到450克。他的感觉器官进入成长的关键时期，大脑开始划分专门的区域，进行嗅觉、味觉、听觉、视觉以及触觉的发育。

胎宝宝现在每天都在喝羊水、排尿（尿液会经过"聪明"的胎盘排出，进入准妈妈的代谢系统排出体外，孕妈妈不要担心），靠自己维持生活环境中羊水的平衡。

二、（怀孕17～20周）孕妈妈的身体变化

宝宝，妈妈经常能感觉到你在动，你在里面做什么有趣的事呢？好玩吗？妈妈的肚子越来越大了，能时刻感受到周围人友善的目光，作为孕妈妈，我很自豪！

本周，你的小腹更加突出，过去的衣服无论如何也穿不了了，必须穿上宽松的孕妈妈装才会觉得舒适。你的体重最少长了2千克，有的孕妈妈甚至长了5千克。乳房变得更加敏感、柔软，甚至有些疼痛。在肚脐和耻骨之间触摸的时候，能够感觉到有一团硬东西，这就是子宫体部。有时你可能感到腹部一侧有轻微的触痛，这是因为子宫在迅速地增长。如果疼痛一直持续的话，就要向医生咨询了。如果你感觉到了下腹像有一只小虫似的一下一下地蠕动，或者感觉像有一条小鱼在腹中游动，这正是胎儿在羊水中蠕动、挺身体、频繁活动手和脚、碰撞子宫壁而引起的胎动。

现在，你感觉没有过去那么累了，精力逐渐恢复，性欲逐渐增强。准爸爸现在也可以稍微解禁一下了，温柔的性生活是不会伤害到胎儿的。这一时期，大部分的孕妈妈都会受到痔疮的困扰，这是因为，胎儿一天天长大，压迫了直肠，使直肠的静脉鼓起来，严重时，痔疮会凸到肛门外面。你的腿、尾骨和其他肌肉会有些疼痛。

到了妊娠中期，准妈妈的子宫逐渐增大、体重增加、腹部开始隆起。在肚脐下方约1.8厘米的地方，能够很容易就摸到自己的子宫。你的体重增加了3~7千克。有的孕妈妈可能会有一些皮肤的变化。上唇、面颊上方和前额周围可能出现暗色斑块。但也有相当部分的孕妈妈皮肤上没有出现任何异样。如果你皮肤上出现暗色斑块，不必过虑，这是孕期很常见的现象。

对很多孕妈妈来说，孕期的这个阶段是最轻松、最有精力的时期。你的感觉是不是也好了很多呢？从现在起，预计平均每周你的体重会增加 0.45千克。如果你怀孕之前体重偏轻，可能需要多增加一些。现在，子宫日渐增大，将腹部向外挤，致使肚子向外鼓胀。由于子宫增大，压迫盆腔静脉，会使孕妈妈下肢静脉血液回流不畅，可引起双腿水肿，足背及内、外踝部水肿尤其多见，下午和晚上水肿加重，晨起减轻。

斯瑟蒂克提醒：准爸妈必读

- **这时候妈妈应该合理选择孕妇装**

  ◎**上衣**：宽松T恤，圆领长袖运动衫。

  ◎**裤子**：可调腰围松紧的运动裤，可变背带长短的背带装。

  ◎**乳罩**：具有托扶作用的棉制品，肩带要宽，罩杯要深。

  ◎**内裤**：要有足够的弹性，以适应变大的腹部。

  ◎**弹力袜**：弹力袜可以消除疲劳和腿痒，防止脚肿。

  ◎**鞋子**：鞋跟较低、舒适防滑的平底鞋为佳。

孕中期常常会出现腿部抽筋，常见调理方法有：

- **生活调理**

保证充足的睡眠，可经常进行腿部按摩、热敷；睡觉时采用左侧卧位，睡前将脚稍微垫高。

- **饮食调理**

多食用含钙高的食物，如奶制品、豆制品、鸡蛋、海带、黑木耳、鱼虾等，同时补充一定量的钙制品。维生素 D 能调节钙、磷代谢，促进钙的吸收。孕妈妈除了服用维生素 D 片剂外，也可通过晒太阳的方式在体内合成维生素 D。另外，适量补充镁元素也可改善抽筋的症状。

规律作息

◎ 孕妈妈应调整好自己的睡眠时间，规律作息。没有规律的睡眠习惯，会影响胎儿的生长发育，严重时会导致生长发育停滞。

◎ 每天晚上保证在 11 点之前进入睡眠。睡前用温热水浸泡双足，喝一杯牛奶，可以帮助孕妈妈尽快入睡。

◎ 每天都应该保证8杯水的量，但是睡前的2个小时最好不喝水。

孕 20 周左右，羊水相对较多，胎儿的大小比较适中，在宫内有较大的活动空间。此时进行 B 超检查，能清晰地看到胎儿的各个器官，可以对胎儿进行全身检查。

怀孕 4~6 个月是外出旅行的最佳时期。不过要注意以下几点：

◎选择人少的旅游地；

◎交通工具要舒适；

◎日程安排要合理；

◎外出饮食要规律。

三、（怀孕17～20周）胎教重点

每天固定时间，最好是睡觉前（晚上9~10点）胎儿活动频繁的时候，孕妈妈可以对胎宝宝进行按摩，每次3~5分钟。此举能够促进全身血液循环，增加胎盘供血，有利于胎宝宝健康发育，还可促进胎宝宝的身体刺激反应。

淘气的你

我的小乖乖，住在妈妈肚子里很开心吧！天天在里面调皮捣蛋，我怎么觉得肚子里住着个孙悟空呢？淘气鬼，把妈妈肚子当花果山了是吧。美猴王，你可真厉害，妈妈的肚子就这么被你占据了，玩归玩，千万别累着啊！注意多休息，妈妈爱你哟。

《单簧管五重奏》（莫扎特）

莫扎特的音乐总是给人欢快、轻松的感觉，这首乐章是木管室内乐的巅峰之作，乐器之间旋律的完美配合，生气勃勃的舞曲旋律以及充满天真气息的甜蜜情感，无法用言语描述，需要你跟宝宝一起，仔细聆听、感受。

益智卡片：认识数字"1"

从这周开始，我们要进行阿拉伯数字的学习了。

孕妈妈把注意力集中在"1"的形状和颜色上，把这个数字的印象留在脑海里。然后进行联想，这个数字像什么呢？像一根筷子、一根电线杆、一根手指、一根针等。接下来，孕妈妈可以拿出身边的实物来加深印象，使"1"视觉化。

诗歌《雪花的快乐》（徐志摩）

充满感情地给宝宝读一首诗吧。相信这一首诗孕妈妈一定有共鸣。

假如我是一朵雪花，

翩翩的在半空里潇洒，

我一定认清我的方向——

飞扬，飞扬，飞扬——

这地面上有我的方向。

不去那冷寞的幽谷，

不去那凄清的山麓，

也不上荒街去惆怅——

飞扬，飞扬，飞扬——

你看，我有我的方向！

在半空里娟娟的飞舞，

认明了那清幽的住处，

等着她来花园里探望——

飞扬，飞扬，飞扬——

啊，她身上有朱砂梅的清香！

那时我凭借我的身轻，

盈盈的，沾住了她的衣襟，

贴近她柔波似的心胸——

消融，消融，消融——

溶入了她柔波似的心胸！

被诗人意念填充的雪花，充满灵性，坚定欢快地追寻自由。而这个美的她，住在清幽之地，出入雪中花园，浑身散发朱砂梅的清香，心胸恰似万缕柔波的湖泊！而"她"是诗人心中美学的幻像，是新世纪的曙光。

准爸爸学堂：爸爸的工作汇报

在准爸爸不在家的这段时间，有什么有趣的事情发生呢？快和准妈妈和宝宝分享吧！这也是帮宝宝认识社会、增长见识、促进家庭和谐的好办法呢！

准爸爸和宝宝打招呼，然后开始向"领导"汇报工作了！

爸爸去公司的路怎么走呢？坐什么车去呢？爸爸的办公室有哪些人呢？爸爸的工作是做什么的呢？

中午爸爸吃得饱不饱呢？吃了什么呢？饭桌上大家聊的什么呢？

今天发生了什么趣事呢？上下班的路上可以看见什么呢？

小贴士：
准妈妈要听懂准爸爸说的事物，最好能想象出具体的样子，要经常表达自己的感受。

多吃豆类食品

有的孕妈妈不习惯吃豆类和豆制品，这样对供给胎宝宝足够的健脑营养素很不利。豆类是重要的健脑食品，如果孕妈妈能多吃些豆类食品，将对胎宝宝健脑十分有益。

● **大豆：**大豆是很好的健脑食品。从下面几点我们就可以看出大豆的健脑作用：含有相当多的氨基酸和钙，正好弥补米面中营养的不足。谷氨酸、天冬氨酸、赖氨酸、精氨酸在大豆中的含量分别是米中的6倍、6倍、12倍、10倍。而这些营养物质都是脑部发育所需的重要营养物质。

大豆中的蛋白质含量占40%，不仅含量丰富，而且是适合人体智力活动需要的植物蛋白。大豆脂肪含量也很高，约占20%，在这些脂肪中，油酸、亚油酸、亚麻酸等优质聚不饱和脂肪酸又占8.0%以上，而不饱和脂肪酸是大脑发育所必需的营养素之一。

● **黑豆：** 与大豆相比，黑豆的健脑作用更明显。黑豆皮为黑色，含有花青素，能增强大脑功能。此外，黑豆还富含蛋黄素，更可强化脑细胞的功能，起到健脑益智的作用。

● **豆浆：** 豆乳中的亚油酸、亚麻酸、油酸等聚不饱和脂肪酸的含量都相当高，是十分理想的健脑食品。孕妈妈应经常喝豆浆，或者与牛奶交替饮用。

● **豆豉：** 豆制品中，首先值得提倡的是发酵大豆，也叫豆豉，含有丰富的维生素B_2，其含量比一般大豆高约1倍。维生素B_2在谷氨酸代谢中起着非常重要的作用，而谷氨酸是脑部的重要营养物质。因此，多吃豆豉对提高记忆力有益。

● **豆腐：** 豆腐是豆制品的一种，其蛋白质含量占35.3%，脂肪含量占19%。因此，豆腐是非常好的健脑食品。豆腐干、豆腐片（丝）、卤豆腐干等都是健脑食品，孕妈妈可以适当地搭配食用。

给爸爸妈妈笑一个

宝宝，今天你爸爸又给我们照相了，我在比划"剪刀手"的时候，情不自禁地想，我们两个同时做这个动作会是多么美的一幅画面啊！我仿佛已经看到你那双可爱的眼睛在眨个不停呢！来，宝宝，给爸爸妈妈笑一个吧！

诗歌《祝福》（泰戈尔）

这是一首新生命的赞歌，表达了母亲对宝宝的无限祝福和对宝宝未来的希冀。全诗洋溢着乐观的基调，新生命诞生，在信任和爱中成长，即使世间并不完美，但一切也都可以变好，终将到达幸福的港口。

益智卡片：认识数字"2"

孕妈妈集中注意力，把"2"的形象和颜色深深地记在脑海里，可以用手指临摹它的外形。然后进行联想，"2"像什么呢，如在水面上游泳的天鹅、飘扬的红丝带、鱼钩等。同时，还可以借助身边的道具帮助记忆，跟"1"进行比较，两者有什么不同。

平衡饮食，预防肥胖

虽然此时孕妈妈正处于胃口大开的阶段，但饮食上也不能过于放纵，尤其应注意从营养出发，在三餐的"质"上下工夫，保证各种营养素的平衡摄取，而不要因为有胃口就胡吃海喝。在饮食方面，最好按以下要求来做：

● 少食多餐，避免暴饮暴食，更不必为了孩子采取所谓的饭量"1+1"。

● 每日各种营养素的供给要均衡，保持适当的比例，既不要过多，也不可过少。

● 不能挑食和偏食，食物要多样化，否则容易造成母婴营养不良。

● 增加蔬菜、水果的摄入量，这样可以预防便秘的发生。

● 吃饭时，要细嚼慢咽，这样有利于营养物质的吸收，也能有效控制食量。

你感觉好吗？

宝宝，听我的好姐妹，也就是你的阿姨们说，怀孕中期是最舒服的时候，现在妈妈算是感受到了。你刚来妈妈肚子里的时候，妈妈好难受啊，现在舒适多了，爸爸还想约我们去海边玩耍呢？我仿佛听到了你在肚子里欢呼，你也喜欢看海吗？等你会走路时，我们天天去海边捡贝壳好吗？

《四季·春》（维瓦尔第）

这首小提琴协奏曲能让人感受到浓浓的春天气息，你可以想象出一幅春意盎然的画面。春天初至，小鸟唱着欢快的歌喜迎春天的到来。清风吹拂清泉，水面如镜般平静。在鲜花盛开的草地上，在簌簌作响的草丛中，在晴朗的天空下，仙女与蝴蝶翩翩起舞。

益智卡片：认识数字"3"

这周我们来认识数字"3"。孕妈妈先把注意力集中在颜色鲜艳的地方，然后把"3"的外形深深记在脑海，就像从水里面用线牵扯出物体一样。然后，一边读出来，一边用手临摹，告诉胎宝宝这是"3"。接着进行联想，"3"像什么，像一只耳朵、像一个门的把手、像蝴蝶的半边翅膀、像好吃的小饼干等。

多食用微量元素更丰富的粗加工食品

未经过细加工的食品或经过部分加工的食品，其所含营养，尤其是微量元素更丰富，多吃这些食品可保证对孕妈妈和胎儿的营养供应。相反，经过细加工的精米、精面，所含的微量元素和维生素多已大量流失。有的孕妈妈长期只吃精米、精面，很少吃粗粮，这样容易造成孕妈妈和胎儿微量元素、维生素的缺乏。

你在里面住得开心吗？

宝宝，你知道吗，你的一举一动我都会汇报给你爸爸，他听到你调皮爱动之后说，是因为你在妈妈肚子里住得舒坦、称心如意。宝宝，是这样吗？妈妈的肚子就是你最可靠的家，我会继续给你提供源源不断的营养补给，你就乖乖在里面成长吧！

名画欣赏《向日葵》（凡·高）

众所周知，名画《向日葵》是梵高的代表作。这位荷兰的画家通过对向日葵的描绘，表达出对太阳和光明的热爱和向往。梵高曾说："向日葵是感恩的象征。"向日葵感恩阳光的恩泽，正如宝宝要感恩父母的养育。鲜艳明朗的颜色，充满朝气和活力，给人一种奔放的跳跃感，仿佛跃跃欲出，让人看后精神一振。

童话《小蝌蚪找妈妈》

　　这个故事是从我们小学语文课本上摘录的，几乎每个大人都耳熟能详。本周，给胎宝宝讲讲这个故事吧，让胎宝宝预先了解一下这个温暖的故事，也可让孕妈妈回忆童年美好的时光，充满幸福感的妈妈孕育出来的宝宝最健康哦。

　　暖和的春天来到了，青蛙妈妈在水草上生下了好多圆圆的卵。春风轻轻地吹过，太阳光照着，池塘里的水越来越暖和了。青蛙妈妈下的卵慢慢地活动起来，变成了一群大脑袋长尾巴的小蝌蚪。他们在水里游来游去，非常快乐。

　　有一天，鸭子妈妈带着她的孩子到池塘里游泳。小蝌蚪看见小鸭子跟着妈妈在水里游来游去，非常亲热，就想起自己的妈妈来。他们一起游到鸭妈妈身边问道："鸭妈妈！鸭妈妈！你看见过我们的妈妈没有？请您告诉我们，她是什么样子呀？"

　　鸭妈妈回答说："看见过，你们的妈妈头顶上长着两只大眼睛，嘴巴又宽又大，你们自己去找吧！""谢谢您，鸭妈妈！"小蝌蚪高高兴兴地向前游去。

　　一条大鲤鱼游过来了。小蝌蚪看见她头上有两只大眼睛，嘴巴又宽又大。他们想，一定是妈妈来了，就迎上去喊："妈妈！妈妈！"

　　大鲤鱼笑着说："我不是你们的妈妈，我是小鲤鱼的妈妈。你们的妈妈有四条腿，到前面去找吧！""谢谢您，鲤鱼妈妈！"小蝌蚪再向前游去。

　　一只大乌龟在前面游。小蝌蚪看见大乌龟有四条腿，他们想，这一定是妈妈了，就追上去喊："妈妈！妈妈！"

　　大乌龟笑着说："我不是你们的妈妈，我是小乌龟的妈妈，你们的妈妈，穿着绿衣服，露着白肚皮，唱起歌来'呱呱呱'。你们到前面去找吧！"

　　"谢谢您，乌龟妈妈！"小蝌蚪又向前游去。

　　小蝌蚪游呀，游呀，游到池塘边。看见一只青蛙坐在荷叶上"呱呱呱"地唱着歌。他们赶快游上去，小声地问："请问，您看见我们的妈妈没有？她头上有两只大眼睛，嘴巴又宽又大，有四条腿，披着绿衣裳，肚皮白白的，唱起歌来'呱呱呱'的……"青蛙听了，"呱呱呱"地笑起来。她说："唉！傻孩子，我就是你们的妈妈呀！"

小蝌蚪们听了，一起摇摇尾巴说："奇怪！我们的样子为什么跟您长得不一样呢？"

青蛙妈妈笑着说："你们还小哩！过几天，你们会长出两条后腿，再过几天，你们又会长出两条前腿来。四条腿长齐了，尾巴没有了，换上绿衣裳，就跟妈妈一样了，也可以跟妈妈跳到岸上去捉虫吃了。"小蝌蚪听了，高兴得在水里翻起跟斗来："呵！我们找到妈妈了！我们找到妈妈了！"青蛙妈妈"扑通"一声跳进水里，带着她的孩子们一块儿游玩去了。

益智卡片：认识三角形

和以前一样，孕妈妈认真看卡片的颜色和形状，接着用手指一边临摹，告诉宝宝，这个是三角形。反复读出来，注意发音的准确性。接着进行联想，三角形像什么呢？像晾衣架，像小饼干。孕妈妈还可以找出类似的图形，例如三角尺来辅助宝宝记忆。

用维生素C提高身体免疫力

爱美的女性都知道这句口号——"多C多漂亮"，不过，维生素C对于孕妈妈的意义可不仅仅是带来漂亮那么简单。

● 维生素C的作用

◎维生素C是一种水溶性维生素，为人体所必需，由于它具有防治坏血病的功效，因而又被称为抗坏血酸。其对酶系统具有保护、调节、促进和催化的作用。

◎维生素C可以提高白细胞的吞噬能力，从而增强人体的免疫能力，有利于组织创伤更快愈合。

◎维生素C还能促进淋巴细胞的生成，提高机体对外来和恶变细胞的识别和灭杀。它还参与免疫球蛋白的合成，保护细胞，保护肝脏，具有解毒的作用。

◎维生素C能保证细胞的完整性和代谢的正常进行，提高铁、钙和叶酸的利用率，促进铁的吸收，对改善缺铁性贫血有辅助作用，可加强脂肪和胆固醇的代谢，预防心血管和动脉硬化。

◎维生素C能促进牙齿和骨骼生长，防止牙龈出血，还能增强机体对外界环境的应激能力。

◎维生素C对胎儿骨骼和牙齿发育、造血系统的健全和机体抵抗力的增强有促进作用。

● 缺乏维生素C的危害

缺乏维生素C会影响胶原的合成，使创伤愈合延缓，毛细血管壁脆弱，引起不同程度的出血。如果孕妈妈体内严重缺乏维生素C，可使孕妈妈患坏血病，还会引起胎膜早破，增加了新生儿的死亡率，且容易引起新生儿低体重、早产。

● 孕期每日摄取量

维生素C是人体需要量最多的一种维生素。成人每日供给80~90毫克就能够满足需要，孕妈妈在此基础上需要再增加20~40毫克，孕早期每日宜摄入100毫克，孕中期和孕晚期每日均为130毫克。

● 这样补充维生素C

人体自身不能合成维生素C，必须从膳食中获取。维生素C主要存在于新鲜的蔬菜和水果中，水果中的酸枣、猕猴桃等含量最高；蔬菜以番茄、辣椒、豆芽含量最高。蔬菜中的维生素C，叶部比茎部含量高，新叶比老叶含量高，能进行光合作用的叶部含量最高。

维生素C是水溶性物质，易被氧化破坏，过热、遇碱性物质、长时间暴露在空气中都会破坏维生素C。因此，在烹调过程中，应尽量缩短洗煮的时间，避免大火煎炒，以防维生素C流失。

Part 06

孕6月
斯瑟蒂克胎教

当胎儿一会儿动动全身，一会儿像小鸟拍打翅膀一样活动手脚，仿佛用身体动作向你说话时，你一定要对此做出反应。

——实子·斯瑟蒂克

一、（怀孕21～24周）胎宝宝的样子

　　宝宝，你知道吗？妈妈已经越来越习惯挺着大肚子到处走了，最喜欢去的地方是绿树成荫、鸟语花香之处。听着小鸟在树上唱歌，风轻轻地吹动树叶，宝宝的心境有没有和妈妈的一样，变得格外平静呢？

　　孕21周，胎儿从头到脚长约26厘米，胎重约360克。胎宝宝的手指甲、嘴唇几乎完全长好了，眉毛和眼睑都已经发育完全了。如果胎宝宝是女生，那么她的私处就已经形成了，并且会持续发育到她出生哦。

　　悄悄告诉你，胎宝宝不再是单纯吞咽羊水了，现在的他可是会在羊水里吸收点水分了。更多的时候，他会一个人在小房子里自娱自乐，吸吮手指这事他经常光明正大地干哦。

胎宝宝的皮肤是红红的，为了方便皮下脂肪的生长，上面皱皱的。胎宝宝的眉毛和眼睑已充分发育，小手指上也已长出了娇嫩的指甲。他的动作也多了起来，尤其是手部和手指的动作，抓小鼻子啊，揉擦小脸啊，有时候还会噘嘴巴，是不是非常有趣啊？

胎宝宝的皮肤红红的，而且皱巴巴的，样子像个小老头。皮肤的褶皱是为了给皮下脂肪的生长留有余地。嘴唇、眉毛和眼睫毛已清晰可见，视网膜也已形成，具备了微弱的视觉。胰腺及激素的分泌正处于稳定的发育过程中。牙龈下面的乳牙的牙胚也开始发育了。

24周时的胎宝宝大约820克重，30厘米长。除了听力有所发展外，呼吸系统也正在发育。尽管他还在不断吞咽羊水，但是通常并不会排出大便（那得等到出生以后了）。

6个月时，胎宝宝的听力几乎和成人一样了，外界的声音都可以传到子宫里。但是胎宝宝喜欢听节奏平缓、流畅、柔和的音乐，讨厌快节奏的音乐，更害怕各种噪声。胎动也越来越明显了。

二、（怀孕21～24周）孕妈妈的身体变化

宝宝，医生告诉妈妈说，这周你的五官已经渐渐长了出来，你现在也是"有鼻子有眼"的人了。我仿佛已经看到了你帅气（美丽）的样子呢！

孕21周，准妈妈的体重增加了约5千克。子宫在平脐的位置，从耻骨算起约22厘米。这个时期你还不会感觉到气短、呼吸急促等不适，因为子宫还没有增大到那种程度，但是随着子宫的增大，这种状况可能会越来越明显。由于孕妈妈身体的重心发生了变化，凸出的腹部使重心前移，为了保持平衡，你不得不挺起肚子走路。

由于孕激素的作用，你的手指、脚趾和全身关节韧带变得松弛，会使你觉得不舒服，行动有点迟缓和笨重，这是正常的，不必担心。

孕22周，孕妈妈的体重大约以每周增加250克的速度在迅速增长。子宫也日益增大，会压迫肺部，增大的子宫会使准妈妈的体重越来越重。同时，孕激素的分泌会导致手指、脚趾和其他关节部位变得松弛。你的肚脐可能不再是凹下去的，它可能是平的，也可能很快会凸出来。

进入到23周，准妈妈的子宫已经到脐上约3.8厘米的位置，宫高约23厘米。体重增加了7千克左右。当身体膨胀时，你可能开始感觉到疼痛。由于腹部的隆起，你的消化系统会感觉不舒服，曾经在孕早期出现的胃灼热，现在又来困扰你了。每餐不要吃得过饱，少食多餐会令你舒服一些，饭后散步将有助于消化。

进入孕24周，子宫现在在肚脐上3.8~5.1厘米的位置，从耻骨联合量起，约高24厘米，凸痕非常明显，很难隐藏了。随着体重的大幅度增加，支撑身体的双腿疲劳加重，隆起的腹部压迫大腿的静脉，使身体越来越沉重。有些孕妈妈会感到腰部和背部容易疲劳，甚至腰酸背疼。有时孕妈妈还会感觉眼睛发干、畏光，这些都是正常的现象，不必担心。如果经常感觉头晕，要及时告诉医生，这可能是贫血的征兆。

斯瑟蒂克提醒：准爸妈必读

到本月，有些孕妈妈会发现肚子上长出了许多妊娠纹。为解决这种情况可以从两方面来调理：

生活调理

按时作息，帮助身体建立规律的新陈代谢，增加皮肤的弹性；每天早晚用适量的妊娠纹乳液涂于腹部、大腿根部和乳房部位，并用顺时针打圈的方式轻轻按摩以帮助吸收，可以减少妊娠纹的产生；使用托腹带；洗澡时避免水温过高。

饮食调理

均衡摄取营养，保持正常的体重增加；少吃油炸、高糖食品，多吃蔬菜、水果、牛奶，以及胶原蛋白和维生素丰富的食物。

换上合适的胸罩

从怀孕到分娩这段时间，孕妈妈的乳房会不断增大，应及时更换合适的胸罩，以免影响到乳房的健康。

更换建议

◎ 选用柔软舒适的纯棉胸罩，以免压迫乳腺、乳头。

◎ 选择有钢托的胸罩，支撑住乳房的重量，以免乳房下垂。

◎ 肩带尽量宽点，扣带要能调节长短；还可以选择专门为孕妈妈设计的胸罩。

孕妈妈进行适量运动可以有效促进盆腔血液循环，增进机体新陈代谢。

安全性较高的运动有：

· 散步

天气适宜时，在亲友的陪同下到空气清新的公园、郊外、树林里散步，可以呼吸到新鲜空气，保持心情愉悦。

· 游泳

游泳前要做好热身运动，在救生人员的看护下游泳，游 300~400 米即可。游泳可以锻炼腹部、腰部、腿部的力量，增加肺活量，提高身体的协调性。

· 体操

可以在散步或工作之余做几节体操，动作幅度要小，节奏要慢，运动量以不感到疲劳为宜。可以减轻腰腿疼痛，松弛腰部和骨盆的肌肉。

孕妈妈在怀孕中晚期要特别注意预防妊娠糖尿病。孕妈妈要承担自身和胎儿两方面的糖代谢，对胰岛素的需求量增加了。孕中晚期，孕妈妈对胰岛素的利用率越来越低，导致胰岛素相对不足，易产生糖代谢障碍。

预防和应对糖尿病

● 孕妈妈应在孕 24~28 周进行"糖筛"，以便及早发现妊娠糖尿病，及时开始治疗。大多数发现早的孕妈妈通过控制饮食就可以将血糖维持在正常水平。

● 多食粗杂粮，莜麦面、荞麦面、燕麦片、玉米面等粗杂粮含有多种微量元素、B 族维生素和膳食纤维，有延缓血糖升高的作用，可用玉米面、豆面、白面按 2:2:1 的比例做成三合面馒头、烙饼、面条长期食用，既有利于降糖降脂，又能减少饥饿感。

● 可以适量食用牛奶、鸡蛋等低嘌呤食品。

● 适当吃豆制品，豆制品吃多了会加重肾脏的负担，诱发糖尿病、肾病。

● 严格控制糖果、饼干、红薯、马铃薯、粉皮等高糖食品的摄入。

● 适当减少高甜度水果的食用量。

三、（怀孕21～24周）胎教重点

宝宝，妈妈每一次抚摸着自己圆圆的肚子的时候，就仿佛摸着你一般。医生说，抚摸肚子可以让你有种安全感，会让你舒适愉快，是这样吗？如果你感到不舒服，记得蹬一下腿告诉妈妈哦！

🐾 当幸福来"敲门"

本周要给宝宝进行"叩击式胎教"。孕妈妈的双手稍微握拳，用空心拳轻轻地叩击腹部，并对宝宝说："宝宝，你在吗？里面有人吗？"语气亲密，仿佛敲门拜访老朋友一般，时间在5分钟以内为宜。

🐾 你孤独吗？

亲爱的宝宝，你一个人住在妈妈的肚子里这么久，会不会孤独啊？从爸爸妈妈嘴里学了这么多的故事，是不是想找个小伙伴分享分享啊？不过，你要耐心等待，你的小伙伴们也还在他们妈妈的肚子里安心成长着呢，等你们都出生后就可以一起愉快地在阳光下玩耍了！

🐾 《土耳其进行曲》（莫扎特）

这是一首驰名世界的变奏曲，反映了当时流行的"东方风格"。它具有通俗而流畅的旋律，主题简洁而极具节奏感，是八分音符和十六分音符的完美融合，表现出一种童真的单纯。各个变奏并不着力渲染技巧，但朴实有力，是一种巧妙的关联。

诗歌《对岸》（泰戈尔）

我渴望到河的对岸去。

在那边，好些船只一行儿系在竹竿上；人们在早晨乘船渡过那边去，肩上扛着犁头，去耕耘他们的远处的田；在那边，牧人使他们鸣叫着的牛涉水到河旁的牧场去；黄昏的时候，他们都回家了，只留下豺狼在这长满着野草的岛上哀叫。

妈妈，如果你不介意，我长大的时候，要做这渡船的船夫。

据说，有好些古怪的池塘藏在这个高岸之后。

雨过去了，一群一群的野鸭飞到那里去。茂盛的芦苇在岸边四周生长，水鸟在那里生蛋。竹鸡摇着跳舞的尾巴，将它们细小的足印印在洁净的软泥上；黄昏的时候，长草顶着白花，邀月光在长草的波浪上浮游。

妈妈，如果你不介意，我长大的时候，要做这渡船的船夫。

我要自此岸至彼岸，渡过来，渡过去，所有村中正在那儿沐浴的男孩女孩，都要诧异地望着我。

太阳升到中天，早晨变为正午了，我将跑到您那里去，说道："妈妈，我饿了！"一天完了，影子俯伏在树底下，我便要在黄昏中回家来。

我将永远不像爸爸那样，离开你到城里去做事。

妈妈，如果你不介意，我长大的时候，要做这渡船的船夫。

这首诗歌以儿童的心理，写出了一种渴望和向往。"我"想象中的"对岸"，是恬美神奇的乐土。人们在那里耕耘、放牧，各种飞禽走兽在那里自由自在地栖息生长，连长草在月光下也呈现出异彩。在这令人神往的景象的描绘之中，寄寓着对大自然的热爱和对故土的眷恋之情。

益智卡片：认识圆形

孕妈妈看到有弧度的东西，是不是觉得很亲切呢？就像自己圆圆的肚子。现在我们就和宝宝一起，来认识圆形吧！

首先，孕妈妈先将这个形状记在心里。然后，用食指沿着圆形图案重复描画，并告诉自己："这个是圆形。"

注意视线在图案上的停留时间，将图案充分视觉化之后，肚子里的胎宝宝才能"看到"。

认识圆形之后，开始和宝宝一起寻找圆形吧！碗口、杯口、硬币、车轮、井盖、太阳……生活中有数不尽的圆形物体。

小贴士：
别忘了告诉可爱的宝宝：妈妈的肚子由于住着个小人儿，所以也是圆圆的哦！

准爸爸学堂：伟大的帝企鹅爸爸

一般来说，哺育后代的任务是由雌性动物完成的。但在多姿多彩的自然界，这个艰巨的任务也有由雄性来完成的，比如帝企鹅。

帝企鹅是企鹅家族中身形最大的种类，它们吸引人的地方不仅在于独特的外表，更有趣的是，企鹅蛋是由雄性哺育的。

当企鹅妈妈生下一枚蛋之后，就会去海里寻找食物，补充产后的营养所需。而企鹅爸爸会把蛋拨到自己的脚背上，用自己的体温，站立着孵蛋。这么站立着不吃不喝60多天，直到小企鹅破壳而出，企鹅妈妈回来，企鹅爸爸才离开去海里找食物。

在企鹅爸爸孵蛋的这段时间，它要经受严寒、饥饿、自然灾害等严峻的考验，还要面对天敌的威胁。孵蛋结束时，企鹅爸爸的体重已经骤降到之前的一半。宝宝，帝企鹅爸爸是不是很伟大啊？

提高锌的摄取量

　　孕中期的孕妈妈锌的需求量与之前相比增加了50%，因此相应地，饮食中锌的摄入量也应该有所提高。

缺锌的危害

　　在孕中期，如果孕妈妈缺锌，就容易患感冒、肺炎、支气管炎及腹泻等多种疾病，并且孕早期的食欲不振现象也会持续，还会影响到孕妈妈的消化和吸收功能，使其免疫力下降，甚至导致胎宝宝生长发育受限，免疫力下降，先天畸形或严重影响胎宝宝后天的智力发育及记忆力的提高，以及宝宝出生后身材矮小、体重不增、毛发稀少枯黄、皮肤粗糙、味觉功能异常，出现拒食或异食症（如吃泥土或火柴棍、纸张、烟头、沙粒等）。此外，如果孕妈妈锌水平非常低的话，则易出现流产或死胎等严重后果。

多吃含锌丰富的食物

　　中国营养学会建议，孕妈妈每日的锌摄入量为20毫克。锌的来源最好由食物提供。因此，孕妈妈在日常饮食中一定要多吃一些含锌量多的食物，如苹果、蘑菇、洋葱、香蕉、圆白菜、生蚝、牡蛎、动物肝脏、口蘑、黑芝麻及坚果等。但需要注意的是，补锌也不要过量。

给小宝宝"施压"

"触压式胎教"可以促进胎宝宝感觉系统的发育，增加宝宝的敏感度。当孕妈妈感受到胎动时，用手指轻轻触压胎动的部位，并与宝宝交流："宝宝，是你吗？你在干吗呢？"需要注意的是，当腹壁变硬，或者宝宝出现剧烈的震动时，应该停止触压。反之，当宝宝以轻轻的蠕动做出回应时，则可以继续进行。

我摸到你的小手了

宝宝，今天在路上遇到一个肚子比妈妈大的阿姨，她快要生了哦！我们聊了一会儿，那个阿姨说她的宝宝在肚子里动的时候，可以看到肚子上会出现一个鼓起的包。妈妈现在也有这种感觉，不过没这么明显，你是在蹬腿呢，还是在伸手？我仿佛已经触摸到你肉乎乎的小手了！

《摇篮曲》（勃拉姆斯）

勃拉姆斯是德国音乐史上最后一个有重大影响的古典作曲家。他的《摇篮曲》常用于小提琴独奏，描绘一种夜色朦胧的景象。听着这首音律优美的曲子，带宝宝一起进入梦乡吧！

益智卡片：认识数字"4"和字母JKL

首先，孕妈妈先把数字"4"牢牢记在脑海里，一边顺着数字的外形临摹，一边小声念出来，再启发宝宝联想："4"像什么呀？

"J"长得像钩子，如鱼钩、衣服钩，还像长柄的雨伞。孕妈妈看着字母，把注意力集中在色彩鲜艳的区域，加深印象。

"K"像个机关枪，还像个竖放的折叠凳子。看这个字母的时候，孕妈妈多注意联想，以加深记忆。

"L"像尺子的一角，还像个锄头，像个桌角等。孕妈妈注意看颜色鲜艳的部分，可以用手指临摹。

👣 国学故事《曹冲称象》

三国时期，东吴的孙权送给魏国的曹操一头大象，曹操带领文武百官和小儿子曹冲一同去看。当时，所有人都没有见过大象。只见这头大象又高又大，光腿就有大殿的柱子那么粗，人走近去比一比，还够不到它的肚子。

曹操对大家说："这头大象真是大，可是到底有多重呢？你们谁有办法称它一称？"

官员们谁也想不出称象的办法，都围着大象发愁。这时，从人群里走出一个小孩，对曹操说："父亲，儿有办法，可以称象。"曹操一看，正是他最疼爱的儿子曹冲，就笑着说："你小小年纪，有什么法子？你倒是说来听听。"

官员们嘴里不说，心里却都在想：大人都想不出办法来，一个五六岁的小孩子，能有什么办法！

曹冲说："我称给你们看，你们就明白了。"

他叫人牵了大象，跟着他到河边去。他的父亲，还有官员们都想看看他到底怎么个称法，都一起跟着来到河边。

河边正好有只空着的大船，曹冲说："把大象牵到船上去。"

大象上了船，船就往下沉了一些。曹冲说："齐水面在船帮上划一道记号。"记号划好了以后，曹冲又叫人把大象牵上岸来。大家看着，一会儿把大象牵上船，一会儿又把大象牵下船，心里都在纳闷："这孩子在玩什么把戏呀？"

接着，曹冲叫人挑了石块，装到大船上去，挑了一担又一担，大船又慢慢地往下沉了。

等船身沉到刚才划的那道记号和水面一样齐了，曹冲赶忙说："行了，行了！"

大臣们睁大了眼睛，不由得连声称赞："好办法！好办法！"现在谁都明白了，只要把船里的石头称一下，把重量加起来，就知道象有多重了。

曹操自然更加高兴了。他眯起眼睛看着儿子，又得意洋洋地望望大臣们，好像在说："你们还不如我的这个小儿子聪明呢！"

宝宝，听到这个故事你受到什么启发呢？我们要学曹冲，遇到问题多动动脑筋，问题就能迎刃而解了！

适当补充维生素D，促进胎宝宝骨骼生长

大龄孕妈妈阿枝在近40岁才怀上第一胎，所以阿枝特别小心，自打怀孕起就大门不出、二门不迈，产检时却被医生告知缺钙，要适当补充维生素D。

维生素D的作用

维生素D是一种脂溶性维生素，它又被称为阳光维生素，适度接受太阳光照射便不会缺乏维生素D。可以促进维生素A的吸收，预防更年期骨质疏松、钙元素流失，具有抗佝偻病的作用；可以促进小肠对钙、磷的吸收，调节钙和磷的正常代谢，维持血液中钙和磷的正常浓度；可以促进人体生长和骨骼钙化，促进牙齿健康；还可以防止氨基酸通过肾脏流失。

缺乏的危害

缺乏维生素D时，孕妈妈有可能出现骨质软化。一旦出现骨质软化，骨盆是最先发病的部位，首先出现髋关节疼痛，然后蔓延到脊柱、胸骨、腿及其他部位，严重时会发生脊柱畸形，甚至还会出现骨盆畸形，影响孕妈妈的自然分娩。孕妈妈缺乏维生素D还会导致胎儿骨骼钙化不良，影响牙齿萌出，甚至会导致先天性佝偻病。

孕期每日摄取量

维生素D的推荐摄入量为孕初期每日5微克，孕中期和孕晚期每日10微克，孕期维生素D的最高摄入量为每日20微克。

这样补充维生素D

维生素D可通过晒太阳和食用富含维生素D的食物等途径来补充。

鱼肝油是维生素D的最佳来源。通常，天然食物中维生素D的含量较低，含脂肪高的海鱼、动物肝脏、蛋黄、奶油等含维生素D相对较多，瘦肉和牛奶中的含量较少。

充满爱意的抚摸

孕妈妈用双手轻轻抚摸腹部，并集中注意力，轻柔地跟宝宝说："宝宝，妈妈在摸你呢，你感受得到吗？"抚摸时可以停一下，等待宝宝回应，胎动的那一刻，孕妈妈会幸福无比。

你觉得妈妈漂亮吗？

宝宝，你知道吗？今天妈妈照镜子，觉得自己比以前更漂亮了！红光满面，精神焕发！你爸爸也说我更漂亮了！宝宝，大家都说，妈妈怀了个漂亮的宝宝，是你把漂亮传递给妈妈了吗？快告诉妈妈，我漂亮吗？

益智卡片：认识数字"5"

孕妈妈看着这个数字，一边问胎宝宝："这个数字像什么呢？"，一边顺着"5"的外形用手指临摹，可以找出相似的物品来加深印象，辅助学习和记忆。

增加奶类食品的摄入量

孕20周后，胎儿的骨骼生长速度加快；孕28周后，胎儿的骨骼开始钙化，仅胎儿体内每日就需摄入约110毫克钙。如果孕妈妈的钙摄入量不足，不仅胎儿容易出现发育不良等多种问题，母亲产后的骨密度也会比同龄非孕妈妈降低16％，并且孕期低钙饮食也会增加发生妊娠高血压综合征的危险。

奶或乳制品富含钙，同时也是蛋白质的良好来源。专家建议，孕妈妈从孕20周起，每日至少饮用250毫升的牛奶，也可摄入相当量的乳制品，如酸奶、奶酪、奶粉、炼乳等。如果是低脂牛奶，要加量饮用至450~500毫升。

儿歌《幸福拍手歌》

如果感到幸福你就拍拍手，

如果感到幸福你就拍拍手，

如果感到幸福就快快拍拍手呀，

看哪大家一齐拍拍手。

如果感到幸福你就踩踩脚，

如果感到幸福你就踩踩脚，

如果感到幸福就快快踩踩脚呀，

看哪大家一齐踩踩脚。

如果感到幸福你就伸伸腰，

如果感到幸福你就伸伸腰，

如果感到幸福就快快伸伸腰呀，

看哪大家一齐伸伸腰。

如果感到幸福你就挤挤眼儿，

如果感到幸福你就挤挤眼儿，

如果感到幸福就快快挤挤眼儿呀，

看哪大家一齐挤挤眼儿。

如果感到幸福你就拍拍肩，

如果感到幸福你就拍拍肩，

如果感到幸福就快快拍拍肩呀，

看哪大家一齐拍拍肩。

如果感到幸福你就拍拍手，

如果感到幸福你就拍拍手，

如果感到幸福就快快拍拍手呀，

看哪大家一齐拍拍手。

　　儿歌《幸福拍手歌》是一首脍炙人口的儿童歌曲。朗朗上口的儿歌，让孩子感受旋律，跟随欢快的节奏一起律动，能提升宝宝的韵律感。

想象着抱着宝宝

孕妈妈仰卧在床上，全身放松，呼吸匀称，双手轻轻放在肚子上，如怀里抱着宝宝一样，从左到右，从上到下反复轻柔抚摸。想象着抱着宝宝，深情地对他说："宝宝，妈妈真爱你啊！"这种"怀中抱月"的方式会产生真实的幸福感和喜悦感，因为宝宝正享受着你的拥抱呢！

益智卡片：认识数字"6"

孕妈妈先把这个数字的外形记在心里，用手指临摹，轻声念出这个数字的发音。联想一下有什么与"6"相似的呢？口哨、樱桃、梨……

生活中常用到的"6"有：六弦琴、6个人、6只眼睛、6个手指、1个四方体有6个面等。

适当多吃些全麦食品

全麦食品包括纯麦片、全麦饼干、全麦面包等。麦片可以让孕妈妈保持较为充沛的精力，还能降低体内胆固醇的水平。全麦饼干细细咀嚼能够有效缓解妊娠呕吐，全麦面包则可以提供丰富的铁和锌。

童话《萝卜回来了》

孕妈妈对宝宝的爱的教育不妨从胎儿期开始吧。若是此时正处于冬天，孕妈妈给胎宝宝讲这个故事再合适不过，因为这个故事实在太暖人心了。

雪这么大，天气这么冷，地里、山上都盖满了雪。小白兔没有东西吃了，饿得很。

他跑出门去找。小白兔一面找一面想："雪这么大，天气这么冷，小猴在家里一定也很饿。我找到了东西，去和他一起吃。"

小白兔扒开雪，嘿，雪底下有两个萝卜。他多高兴呀！

小白兔抱着萝卜，跑到小猴家，敲敲门，没人答应。小白兔把门推开，屋里一个人也没有。原来小猴不在家，也去找东西吃了。

小白兔就吃掉了小萝卜，把大萝卜放在桌子上。

这时候，小猴在雪地里找呀找，他一面找一面想："雪这么大，天气这么冷，小鹿在家里一定也很饿。我找到了东西，去和他一起吃。"

小猴扒开雪，嘿，雪底下有几颗花生。他多高兴呀！

小猴带着花生，向小鹿家跑去，跑过自己的家，看见门开着。他想："谁来过了？"他走进屋子，看见萝卜，很奇怪，说："这是哪儿来的？"他想了想，知道是好朋友送来的，就说："把萝卜也带去，和小鹿一起吃！"

小猴跑到小鹿家，门关得紧紧的。他跳上窗台一看，屋子里一个人也没有。原来小鹿不在家，也去找东西吃了。小猴就把萝卜放在了窗台上。

这时候，小鹿在雪地里找呀找，他一面找一面想："雪这么大，天气这么冷，小熊在家里一定也很饿。我找到了东西，去和他一起吃。"

小鹿扒开雪，嘿，雪底下有一棵青菜。他多高兴呀！

小鹿提着青菜，向小熊家跑去，跑过自己的家，看见雪地上有许多脚印。他想："谁来过了？"他走近屋子，看见窗台上有个萝卜，很奇怪，说："这是从哪儿来的？"他想了想，知道是好朋友送来给他吃的，就说："把萝卜也带去，和小熊一起吃！"

小鹿跑到小熊家，在门外叫："开门！开门！"屋子里没有人答应。原来小熊不在家，也去找东西吃了。小鹿就把萝卜放在了门口。

这时候，小熊在雪地里找呀找，他一面找一面想："雪这么大，天气这么冷，小白兔在家里一定也很饿。我找到了东西，去和他一起吃。"

小熊扒开雪，嘿，雪底下有一个白薯。他多高兴呀！

小熊拿着白薯，向小白兔家跑去，跑过自己的家，看见门口有个萝卜。他很奇怪，说："这是从哪儿来的？"他想了想，知道是好朋友送来给他吃的，就说："把萝卜也带去，和小白兔一起吃！"

小熊跑到小白兔家，轻轻推开门。这时候，小白兔吃饱了，睡得正甜哩。小熊不愿吵醒他，把萝卜轻轻放在小白兔的床边。

小白兔醒来，睁开眼睛一看："咦！萝卜回来了！"他想了想，说："我知道了，是好朋友送来给我吃的。"

Part 07

孕7月
斯瑟蒂克胎教

　　讲故事给胎儿听。自己必须先了解故事的内容，然后用丰富的想象力，把故事说给胎儿听。讲故事时，声调要富有感情，不要单调乏味。

——实子·斯瑟蒂克

一、（怀孕25～28周） 胎宝宝的样子

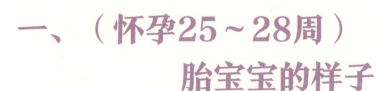

宝宝，医生说，从这周开始，你的味蕾逐渐形成，也就是说，你开始尝得出美味了。妈妈真开心啊，从今天起，妈妈会多吃一些健康美味的食品，宝宝，你开心吗？

第25周，胎宝宝胎长有31厘米，重约750克。在你的子宫中胎宝宝已经占据了相当多的空间，他像一个气球一样变大，并开始充满整个子宫，虽然还是有点皱巴巴，但是他的身材已经越来越丰满了，皱皱的皮肤也开始逐渐舒展。而且胎宝宝的全身覆盖着一层细细的绒毛，不仔细看可是看不出来呢。

此时胎宝宝的大脑发育已进入一个高峰期，脑细胞迅速增殖分化，脑体积增大，他将会是一个聪明可爱的小人儿哦。没有玩具的胎宝宝，闲着没事就爱把玩变厚了的、弹性十足的脐带。

从现在到出生，随着胎宝宝脂肪的迅速累积，他的体重会增长3倍以上。因为胎宝宝需要脂肪来帮助他适应离开"小房子"后外界更低的温度，并提供出生后头几天的能量和热量。

胎宝宝的眼睛、嘴唇、鼻孔都慢慢形成，听力系统已经形成，他将对声音越来越敏感，这意味着他对声音的反应将会更为一致。准爸爸可以对着肚子轻声说话，促进亲子关系，也有助于胎宝宝的耳朵发育哟。

27周的胎宝宝可以看到胎头上长出了短短的胎发。男孩的睾丸尚未降下来，女孩的小阴唇已开始发育。这时，胎宝宝的听觉系统也已发育完全，对外界声音刺激的反应更为明显。气管和肺部还未发育成熟，但是呼吸动作仍在继续。

这个月的胎宝宝重达1300克，长35厘米。他的眼睛既能睁开也能闭上，而且已形成了自己的睡眠周期。醒着时，他会自己嬉戏，会踢踢腿、伸懒腰，甚至会把自己的手指放到嘴里去吸吮。大脑活动也非常活跃，大脑皮质表面开始出现一些特有的沟回，脑组织快速增殖。胎宝宝的小鼻子到现在已有了嗅觉。胎宝宝对子宫内的气味能够留下深刻的记忆。

二、（怀孕25～28周）孕妈妈的身体变化

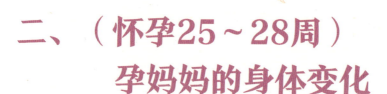

宝宝，医生说，这周你已经能够睁开眼了，并有了呼吸动作。你现在在观察妈妈的肚子吗？这个"家"跟你想象的有什么不同？喜欢妈妈的肚子吗？

这周，准妈妈的子宫又变大了不少，从侧面看，肚子大得更明显了，子宫底上升至脐上三横指处。你可能感到精神状态又回到了孕早期，疲劳、头晕，频繁地去卫生间。由于胎儿的增大，腹部越来越沉重，腰腿痛更加明显。由于体内雄性激烈素的增加，你身上的体毛会更粗、更黑。你会感觉头发增多了，浓密并且有光泽。怀孕期间孕妈妈患糖尿病的很多，但是也不必太惊慌，只要你在医生的指导下，适当地用饮食或药物来控制病情，你也可以生一个健康的小宝宝。

现在孕妈妈子宫的高度大约已经到了肚脐上6厘米的位置，从耻骨联合量起约为26厘米。如果按照正常标准，体重应该已经增加了10千克。很多孕妈妈腹部和乳房处的皮肤会长出妊娠纹，这是皮肤伸展的标记，可以通过按摩和使用滋润乳液进行预防和缓解。另外，如果你的背部近来有点疼，这就是孕期和激素在起作用了，它会松弛你的关节和韧带，为分娩做准备。

胎儿的重量使你的后背受压，引起下后背和腿部的剧烈疼痛。孕中期末，子宫在肚脐以上约7厘米的位置，如果从耻骨联合量到子宫底部大约27厘米。在本周，你的羊水量下降了一半。当宝宝踢腿和转身时，你甚至可能看见胎宝宝骨骼较大的膝盖和肘部从你的腹部鼓起一个小包。

准妈妈的子宫现在已经到了肚脐的上方，大约是在肚脐以上8厘米的位置。如果从耻骨联合量到子宫底部约28厘米。子宫快速增长并向上挤压内脏，因而你会感到胸口憋闷、呼吸困难。因为腹部沉重，如果平躺会让你感觉喘不过气，最好侧卧。脚面、小腿水肿的现象严重，站立、蹲坐太久或腰带扎得过紧，水肿就会加重。如果水肿不伴随高血压和蛋白尿，就属于怀孕后的正常现象。心脏的负担也在逐渐加重，血压开始增高，静脉曲张、痔疮、便秘这些麻烦，接踵而至，烦扰着孕妈妈。

👣 斯瑟蒂克提醒：准爸妈必读

进入孕晚期，孕妈妈的身材越来越臃肿，活动也比较困难，因此，要注意掌握以下安全细则：

• 站立姿势

站立时，孕妈妈应选择舒适的姿势。比如，收缩臀部，就会体会到腹腔肌肉支撑脊椎的感觉。

• 起身站立

起身站立时，要缓慢有序，以免腹腔肌肉过分紧张。仰躺着的孕妈妈起身前要先侧身，肩部前倾，屈膝，然后用肘关节支撑起身体，盘腿，以便腿部从床边移开并坐起来。

• 坐姿

孕妈妈正确的坐姿是要把后背紧靠在椅子背上，必要时还可以在背后放一个小靠垫。

• 俯身弯腰

孕妈妈要尽量避免俯身弯腰的动作，以免给脊椎造成重负。如果孕妈妈需要从地面捡拾起什么东西，俯身时不仅要慢慢轻轻地向前，还要屈膝，同时把全身的重量分配到膝盖上。

妊娠晚期如果不注意调理的话，容易患上妊娠期高血压综合征，威胁胎儿健康。

预防和应对妊娠期高血压综合征的方法有：

● 生活调理

保持心情舒畅、精神放松，卧床休息时，尽量采取左侧卧位；进行产前检查。

● 饮食调理

控制热量和盐的摄入，保证足够的优质蛋白质和必需脂肪酸，多吃蔬菜、水果等。

这周，孕妈妈可以根据自身的情况来规划自己的产假，可以从以下几个方面考虑：

- **家庭经济方面**

　　突然失去部分收入会不会影响到家庭生活？

- **情绪管理方面**

　　怎么处理好工作和家庭的关系？

- **家庭支持方面**

　　家人对你请产假的态度如何？

- **职场竞争方面**

　　产假后能否应对工作落差？

- **公司运营方面**

　　公司没有你是否影响运营？你的福利待遇会不会有所不同？

- **亲子关系**

　　有没有合适的人照顾宝宝？你舍得放下宝宝吗？

痔疮是一种慢性病，孕妈妈痔疮的发病率高达76％。痔疮通常出现在妊娠晚期的28~40周，特别是分娩前1周，但有时也会出现在孕早期。

痔疮的预防和应对：

生活调理

上厕所时放松心情，养成良好的排便习惯；避免提重物；可用温水冲洗肛门周围，或温水坐浴；每天早晚各做一次提肛运动。

饮食调理

多吃富含膳食纤维的蔬菜和水果，如芹菜、白菜、菠菜、黑木耳、香蕉、梨、瓜类等；还可以多吃一些富含植物油脂的食物，如核桃、芝麻；早晨起来喝一杯蜂蜜水，可以防止便秘引起痔疮。

三、（怀孕25～28周） 胎教重点

　　宝宝，你知道吗？怀了你之后，我才体会到做母亲是多么艰辛，多么不容易。宝宝，爸爸妈妈这么爱你，你以后也要对我们好呀！要快点长大，来保护爸爸妈妈哦！

🐾 国学故事《琴瑟和鸣》

　　宋代著名女词人李清照18岁那年，嫁给了太学生赵明诚。赵明诚是位翩翩公子，博览群书，酷好书画，尤其擅长金石鉴赏。他的父亲官至宰相，也是书香门第。二人门当户对，意趣相投，时常诗词唱和，共同研究金石书画。

　　结婚时，赵明诚21岁，在太学读书，还没有收入。夫妻二人节衣缩食，经常典当衣物，到大相国寺搜罗金石书画。一旦发现难得的古物却囊中羞涩，赵明诚会毫不犹豫地脱下衣服做抵押。回到家中，夫妻二人灯前对坐，说说笑笑，摩挲玩赏，充满浪漫与温馨。

　　闲暇之时，他们赏花赋诗，倾心而谈，有时还会玩些智力游戏。他们斟上香茶，随意说出某个典故，猜它出自哪本书的第几卷、第几页、第几行。猜中的人可以喝茶，猜不中的人只能光看着。

　　每次比赛，李清照总是赢。当赵明诚抽书查证时，李清照已经满怀自信地举杯在手，开怀大笑，笑得茶水都溅出了杯子。

　　后人就把李清照和赵明诚这种恩爱情浓的感情比喻为"琴瑟和鸣"，意思是像琴和瑟一样互相呼应，互相欣赏。

我们来玩踢肚子游戏吧!

亲爱的宝贝,我们一起来玩踢肚子游戏吧。

孕妈妈与胎宝宝的互动游戏,让胎宝宝在潜意识里感知到孕妈妈对他的关注,同时,动作训练可以刺激胎宝宝的运动积极性和动作灵敏性。

当胎宝宝踢孕妈妈的肚皮时,孕妈妈应迅速反应,轻轻拍打一下被踢的部位,然后静静地等待小家伙的第二脚。一般在一两分钟后,胎宝宝会再踢,这时再轻拍几下。

这样反复几次后,停下来。孕妈妈试着改变拍的地方,神奇的是,胎宝宝会向你改变的地方再踢,此时要注意改拍的位置不要离原胎动的位置太远。

为提高踢肚子游戏的趣味性,准爸爸也可以加入进来,在胎宝宝积极地踢孕妈妈的肚皮时,准爸爸也轻拍一下,并对他说:"小宝宝,猜猜哪只手是爸爸的?"注意,这种亲子游戏最好在每晚临睡前进行,此时胎儿的活动最多。游戏的时间不宜过长,一般每次10分钟即可,以免胎儿过于兴奋。

同样,如果你有不规则的子宫收缩、腹痛、先兆流产或先兆早产的情形,不宜进行抚摸胎教,以免发生意外。如果曾有过流产、早产、产前出血等不良产史,也不宜进行抚摸胎教,可用其他胎教方法替代。

《玩具兵进行曲》(莱昂·耶赛尔)

《玩具兵进行曲》据说是作曲家回忆起小时候做的一个甜蜜的梦,用梦境里的故事写成的。内容是这样的:晚上,小主人睡觉了,玩具兵们一个个从玩具箱里偷偷爬了出来。他们先排列成整齐的队伍游行,后来又打闹嬉耍。当天刚蒙蒙亮的时候,小主人醒了,玩具兵们惊慌地逃回玩具箱子里。小主人起床,打开箱子一看,玩具们东倒西歪地躺在里面。呵!原来刚才是一场美丽的梦。听着这首动人的乐曲,与宝宝一起进入梦乡吧!

准爸爸学堂：与宝宝分享生活中的点滴

胎宝宝对奇妙的世界充满好奇，准爸爸作为宝宝的守护神，也是宝宝非常想熟悉了解的哦！准爸爸可以把生活中的点滴与宝宝分享。例如，工作中取得的成果，周末钓到的大鱼，与孕妈妈外出游玩时遇到有趣的事情，都可以与宝宝一起分享。因为宝宝也是家庭里重要的一员，他很乐意倾听爸爸的快乐哟！

益智卡片：认识数字"7"

孕妈妈集中注意力，观察卡片中色彩鲜艳的地方，一边用手临摹图案，并读出来告诉宝宝："这是数字7。"重复多次加深印象。

然后进行联想。这个数字像什么？像不像农民伯伯锄地的锄头？像不像樵夫砍柴的斧头？像不像渔夫的钓竿？孕妈妈还可以让宝宝知道，6+1就是7，3+4也是7，并辅助道具讲述。

小贴士：
孕妈妈可以提示胎宝宝，字母L与倒立的7很像，也可以结合北斗七星等。

调理饮食，控制体重

实践证明，胎儿出生时的体重与孕妈妈孕前体重，以及妊娠期体重增长呈正比，前者高，后者就高；前者低，后者也低。因此，可以通过孕妈妈体重的增长情况来估计胎儿的大小，以及评估孕妈妈的营养摄入是否合适。

一般来讲，如果孕妈妈孕期体重增长过多，就提示孕妈妈肥胖和胎儿生长过快(水肿等异常情况除外)；如果体重增长过少，胎儿则可能发育不良。胎儿体重超过4千克（巨大儿）时，分娩困难以及产妇产后患病的概率就会增加。如果胎儿体重过低，其各脏器的功能和智力都可能受到影响。事实证明，胎儿出生时的适宜体重为3.0~3.5千克，孕妈妈整个孕期体重增长平均为12.5千克为宜（孕前体重过低者可增加15千克，孕前超重者应增加10千克）。

孕妈妈肥胖可导致分娩巨大胎儿，并造成妊娠糖尿病、妊娠期高血压、剖宫产、产后出血情况增多等，因此，妊娠期一定要合理膳食，平衡营养，不可暴饮暴食，注意防止肥胖。已经肥胖的孕妈妈，不能通过药物来减肥，可在医生的指导下，通过调节饮食来控制体重。肥胖孕妈妈的饮食要注意下面几点：

- **养成良好的饮食习惯**。肥胖孕妈妈要注意规律饮食，按时进餐。不要选择饼干、糖果、瓜子仁、薯片等热量高的食物做零食。睡前不宜吃食物。

- **控制进食量和进食种类**。主要控制糖类食物和脂肪含量高的食物，米饭、面食等粮食均不宜超过每日标准供给量。动物性食物中可多选择脂肪含量相对较低的鸡、鱼、虾、蛋、奶，并可适当增加一些豆类，这既可以保证蛋白质的供给，又能控制脂肪量。

- **多吃蔬菜和水果**。主食和脂肪的进食量减少后，往往饥饿感会较强烈，孕妈妈可多吃蔬菜和水果，但注意要选择含糖分少的水果。

《好一朵美丽的茉莉花》

好一朵美丽的茉莉花

好一朵美丽的茉莉花

芬芳美丽满枝桠

又香又白人人夸

让我来将你摘下

送给别人家

茉莉花呀茉莉花

这首曲子委婉中带着刚劲，细腻中含着激情，灵动中蕴含着坚定，是一首悦耳动听的好歌曲。

 童话《小水滴与大海》

孕妈妈给小宝宝来个动听的故事吧。下面这个故事，可以教会我们的宝宝，个人和集体是共存的，要关爱他人，关爱集体，做一个勇于担负集体责任的乖宝宝哦！

大海是由无数颗小水滴组成的。

有一天，风雨交加，原本平静安详的大海一下子变得波涛汹涌，浪花涌上海岸。一天一夜过去了，风停了，雨止住了，大海退潮了，浪花们回家了。

可是有一颗小水滴却被遗忘在岸上了。这颗小水滴的名字叫方方，她很着急，因为太阳一出来她就会被蒸发掉，于是她就伤心地哭了起来。

小水滴玉玉听到方方的哭声，就跑了过来。方方带着哭腔向玉玉讲述了一切，玉玉听后不知所措，只好把这个消息告诉了海里所有的小水滴。

海里的小水滴们一时都不知该怎么办了，于是它们一起找小水滴中的机灵鬼同同，同同听了以后眼睛一转，然后微微一笑，大家都知道同同有办法了。

同同笑着说："我的办法是这样的，先把我们分成三个小组，第一个小组去求风姐姐刮风，第二个小组去求雨伯伯下雨，第三个小组准备等刮风下雨的时候把方方给接回海里。"

大家都同意了。

第一个小组在玉玉的带领下成功地完成了任务，可是雨伯伯可不像风姐姐那么好说话了，硬是要第二个小组的路路把来龙去脉说个明白，路路只好简单地说了一遍，雨伯伯这才点点头，同意帮大伙的忙。

不一会儿，天就刮起了大风下起了雨来，海水涌上海岸，等海水退潮的时候，方方已经被朋友们送到了安全的地方。

方方热泪盈眶，感动得快说不出话来了："谢谢，谢谢你们，是你们，是你们，救了我的命。"

大家齐声说道："没关系，这是我们应该做的，我们是一个集体嘛！"

名画欣赏《婴孩的爱抚》（玛丽·卡萨特）

宝宝，现在我们看到的这幅油画叫《婴孩的爱抚》，出自美国女画家玛丽·卡萨特之手。画中描绘了母子常见的日常形象：赤裸的婴孩舒适地躺在母亲的怀中，用一只肉乎乎的手去触摸母亲的脸，母亲则安详地顺着孩子的手，吻着孩子的掌心。

画家捕捉了生活中既常见又打动人的母子生活的瞬间，表达出浓浓的母爱，扣人心弦。

益智卡片：认识扇形和字母STUV

宝宝，今天我们来认识扇形。孕妈妈一边用手指临摹卡片上的图形，借助一些道具，念出扇形，并将它们视觉化，传递给宝宝。然后，用联想的办法，什么和扇形比较相像呢？大家最先想到的是扇子，除了扇子还有很多，例如贝壳、树叶。孕妈妈还可以用积木叠出个扇形，帮助宝宝理解。

接下来，孕妈妈要调整好心情，又回到了学习字母的时间了。

"S"像一条弯弯曲曲的河流，一条扭动身体的虫子，还像一个钩子……

"T"像个钉子，还像个柱子，也像个衣服架子……

"U"像个大水缸，还像篮子的提手，椅子的靠背也很像哟……

"V"像个小漏斗，也像个矛尖，还像个缺少一个边的三角形……

《月光奏鸣曲》

这首作品是目前在听众中最为流行的钢琴奏鸣曲之一，而它的颇具文学色彩的标题也给人带来了无尽的遐想。是贝多芬所做乐曲中最具有独创性，也是最充满灵感和感情、最震撼人心的一首幻想曲一样的奏鸣曲，感人的力量，以及最具浪漫情怀的激情充斥着整首奏鸣曲，被广为流传。其中，第三乐章中，包含着贝多芬暴风骤雨一样激荡的情感和复杂矛盾的内心思想，是最具有丰富表现力的一章。

补充DHA，促进胎儿脑部发育

从孕期18周开始直到产后3个月，是胎宝宝大脑中枢神经元分裂和成熟最快的时期，持续补充高水平的DHA，将有利于宝宝的大脑发育。

DHA的作用

DHA是一种不饱和脂肪酸，和胆碱、磷脂一样，都是构成大脑皮质神经膜的重要物质，它能促进大脑细胞，特别是神经传导系统细胞的生长、发育，维护大脑细胞膜的完整性，促进脑发育，提高记忆力，故有"脑黄金"之称。DHA还能预防孕妈妈早产，增加胎儿出生时的体重，保证胎儿大脑和视网膜的正常发育。

这样补充DHA

富含不饱和脂肪酸类的食物，如核桃仁等坚果类食品在母体内经肝脏处理能生成DHA。此外，也可以多食用海鱼、海虾、鱼油、甲鱼等，这些食物中DHA的含量较为丰富，有助于胎儿脑细胞的生长及健康发育。如果对鱼类过敏或者不喜欢鱼腥味，孕妈妈可以在医生的指导下服用DHA制剂。孕妈妈每日DHA的摄取量以300毫克为宜。

缺乏的危害

如果母体摄入DHA不足，胎儿的脑细胞膜和视网膜中脑磷脂质就会缺乏，对胎儿大脑及视网膜的形成和发育极为不利，甚至会造成流产、早产、死胎和胎儿宫内发育迟缓。

 童话《小蝌蚪的梦想》

下面我们来探寻小蝌蚪的梦想！小宝贝有梦想吗？有就要努力把它实现哦！

在水中，一个透明的、像葡萄粒一样光滑又柔软的小房子里，小蝌蚪在慢慢长大。渐渐长大的小蝌蚪看着身边的世界，真想快点儿出去。半个月过去了，小蝌蚪终于有了足够的力气。一天，他一用劲儿，嗬，圆圆的小脑袋探出来了。慢慢地，又是半个月过去了，奇妙的事情发生了——小蝌蚪长长的尾巴旁边长出了两条细细的小腿!满心欢喜的小蝌蚪向岸上望去——哇!小蝌蚪吃惊得张大了嘴，他见到什么样的景象啊——绿油油的草铺得无边无际，像是一床漂亮又柔软的被子。而且，这被子上还有那么多五颜六色的花朵，互相牵着手，在风中跳舞。

"唉，要是我能在那漂亮的花瓣上待一会儿，该多好啊！"小蝌蚪出神地想着。小蝌蚪嘟着小嘴儿去问阔尾鱼叔叔："叔叔，叔叔，陆地上好漂亮啊，请你告诉我，如果我长大了，有了好多力气，是不是就能到陆地上去了？""呵呵，"阔尾鱼叔叔笑着回答，"能，只要有梦想，并努力去做，就一定能实现。你要耐心地等待自己长大。"一个月后，又有一些奇妙的事情不知不觉地发生了——后腿长出来不久，小蝌蚪的前腿也长出来了。而那小尾巴呢，早就摸不到了。仅仅两个月的时间，小蝌蚪就真的长大了，长成了一个结实漂亮的帅小伙!现在的他褪去了那一身黑衣，换上了绿色的新袍。还有一个白白的大肚皮。四肢既能游泳又能跳跃，非常有力量。"孩子，现在你才真正地长大了，不再是一只小蝌蚪，而是一只强壮健美的青蛙了！"阔尾鱼叔叔这样告诉他。"噢，我长大了！真的长大了！我可以到陆地上去了！"

小蝌蚪的梦想终于变成了现实。他弓起身，快活地向草丛中跃去。

🐾 通过情感调节来促进胎宝宝的记忆

很多妈妈都有这样的体会，刚出生的宝宝哭闹不止时，将宝宝贴近妈妈的胸口，妈妈心跳的声音传到宝宝耳朵里，宝宝就会立即停止哭闹，安静入睡。这是因为胎儿对妈妈的心跳声有记忆，当听到熟悉的心跳声音时，会产生一种安全感，哭闹立刻停止。

研究表明，胎儿对外界激励行为的感知体验将会长期保留在记忆中直到出生，而且对婴儿将来的智力、能力、个性等有很大影响。由于胎儿在子宫内通过胎盘接受母体供给的营养和母体神经反射传递的信息，使胎儿脑细胞在分化、成熟过程中不断接受调节与训练。因此，孕期母体的情感调节与子女记忆形成、才干发展有很大关系。

🐾 益智卡片：认识数字"8"

孕妈妈看着卡片，盯着卡片上颜色鲜艳的地方，静静地把这个数字记在心底。然后进行联想，"8"像什么呢？两个摞在一起的小圆圈，两个字母"s"对合，一个葫芦，一个麻花等。孕妈妈还可以在面前摆出8块小饼干，把它们反复数出来。

🐾 温热补品不宜过量食用

不少孕妈妈经常吃些人参、桂圆之类的补品，以为这样可以使胎儿发育得更好。其实，这类补品对孕妈妈和胎儿都是利少弊多，有可能造成以下不良后果。

• **容易出现"胎火"**。中医认为，妊娠期间，女性月经停闭，脏腑经络之血皆注于冲任以养胎，母体全身处于阴血偏虚、阳气相对偏盛的状态，因此，孕妈妈容易出现"胎火"。

• **容易出现水肿、原发性高血压病**。孕妈妈由于血液量明显增加，心脏负担加重，子宫颈、阴道壁和输卵管等部位的血管也处于扩张、充血的状态，加上内分泌功能旺盛，分泌的醛固酮增加，易导致水、钠潴留而产生水肿、原发性高血压病等不良后果。

● **容易出现胀气、便秘。** 孕妈妈由于胃酸分泌量减少，胃肠道功能有所减弱，会出现食欲缺乏、胃部胀气以及便秘等现象。

👣 国学故事《王羲之吃墨》

王羲之是我国东晋时期著名的书法家，他小的时候，练字十分刻苦。据说，他练字用坏的毛笔，堆在一起成了一座小山，人们叫它"笔山"；他家的旁边有一个小水池，他常在这水池里洗毛笔和砚台，后来小水池的水都变黑了，人们就把这个小水池叫作"墨池"。

有一天，他聚精会神地在书房练字，连吃饭都忘了。书童送来了他最爱吃的蒜泥和馍馍，催着他吃，他好像没听见一样还是埋头写字。书童没有办法，只好去告诉他的母亲王夫人。王夫人来到书房的时候，看见王羲之趴在桌上睡着了，嘴巴四周沾满了墨汁。原来，王羲之边吃边练字，眼睛还看着字，错把墨汁当成蒜泥蘸了。

王羲之坚持数十年如一日，勤学苦练，临帖不辍，练就了很扎实的基本功。后来，王羲之终于钻研出了一种妍美流利的新字体。大家都称赞他写的字像彩云那样轻松自如，像飞龙那样雄健有力。王羲之30岁写的《兰亭集序》，全文20个"之"字，字字别开生面、无一雷同。王羲之的行草被誉为"天下第一行书"。他也被公认为我国历史上杰出的书法家之一，被尊称为"书圣"。

《天鹅湖》

优雅的天鹅永远是人们心目中美好的象征，你想不想自己的胎宝宝在人生的一开始就接受优雅、古典的音乐洗礼？那么，不妨在清晨或黄昏，或是你喜欢的任何时间，多听听一些经典的曲目，比如《天鹅湖》。

《天鹅湖》被称作"永远的天鹅湖"，可见其在人们心中的位置。柴可夫斯基无疑是古典舞剧最为杰出的大师之一，一部《天鹅湖》就已经是"旋律之王"最好的注解了。该曲音乐性格鲜明，既保留了传统芭蕾音乐的典雅、优美风格，又有创造性表现，即丰富的交响性，把古典舞、代表性舞甚至哑剧连接发展为一个严密的整体，富有情节性，每场音乐对场景的描写极为完美，对戏剧矛盾的推动以及每个角色性格和内心的刻画非常到位，因此被评价为"首次令舞蹈作品具有音乐灵魂"。

了解一点音乐的背景，对胎宝宝的音乐胎教可能会有事半功倍的效果。《天鹅湖》中的《天鹅序曲》一开头，双簧管吹出了柔和的曲调，引出故事的线索，因魔法而变成天鹅的姑娘，温柔、动人，又有几分哀怨，柔美的天鹅主题正表现了这一切。在听的过程中，孕妈妈可仔细辨别一下：哪一些音符是天鹅的喁喁私语？哪一些音符又表现了天鹅扇动翅膀的声音？

益智卡片：认识字母WXYZ

宝宝，今天我们来学4个新字母。

"W"长得像两个"V"的黏合，又像弹簧的一小部分，还像一个山谷……

"X"像两根木棒的交叉摆放，又像剪刀打开后，还像个小叉子……

"Y"像大树的枝桠，还像喝酒的高脚杯，也像漏斗、桥墩……

"Z"像一只游泳的鸭子。这个字母的发音要注意准确，孕妈妈可以多读几次。

鸡蛋是孕期最理想的食物

鸡蛋是孕期最理想的营养食品之一，人体所需要的七大营养素（蛋白质、脂肪、糖类、维生素、无机盐、膳食纤维和水）除了膳食纤维之外，其余的鸡蛋中全有。鸡蛋的最可贵之处在于它能够提供较多的优质蛋白，鸡蛋中的蛋白质含有各种必需氨基酸。每50克鸡蛋可以供给5.4克优质蛋白，是常见食物中蛋白质品质较高的食物之一。这不仅有益于胎宝宝的脑发育，而且可为母体储存优质蛋白，有利于提高产后母乳的质量。一个中等大小的鸡蛋与200毫升牛奶的营养价值相当，不仅营养价值高，而且还很方便食用。但吃鸡蛋也有讲究，孕妈妈们究竟怎么吃鸡蛋才健康呢？

不吃未煮熟的鸡蛋

鸡蛋的蛋黄和蛋白都含有多种氨基酸。其中，蛋白中的一些蛋白质有抑制蛋白水解酶的作用，但是通过加热的方法可以将其破坏。食用未煮熟的鸡蛋，因为未被充分高温消毒而含有沙门氏菌，另外，还会影响人对生物素H的利用，导致生物素H的缺乏。因而，孕妈妈在食用鸡蛋时，必须要将鸡蛋彻底煮熟。

数量要控制

鸡蛋的营养丰富，含有多种人体所需的营养素，因此，有不少家庭每天给孕妈妈吃许多鸡蛋，这种做法很不可取。鸡蛋虽然是营养全面均衡的理想食品，但并不是多多益善。

● 随着孕期的增加，孕妈妈的胃肠本来就受到增大的子宫的影响，如果食用鸡蛋过多，便会进一步增加孕妈妈胃肠的负担，不利于消化吸收。

● 鸡蛋虽然营养丰富，但没有包括所有的营养素，如果鸡蛋吃得过多必然影响其他营养的摄取。

● 孕妈妈每天吃2个鸡蛋比较合适。

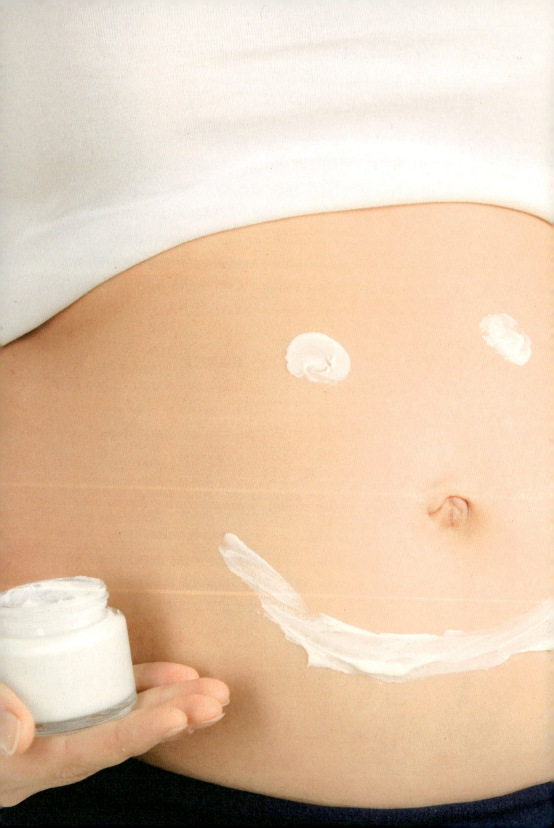

Part 08

孕8月
斯瑟蒂克胎教

经常用悦耳、快乐的声音唱歌给胎儿听。

——实子·斯瑟蒂克

一、（怀孕29～32周）胎宝宝的样子

亲爱的宝宝，我们已经相处大半年了。还有三个月我们就能见面了，一想到不久之后就能看见活泼可爱的你，我和爸爸可兴奋了。外公、外婆、爷爷、奶奶也经常过来看你，与你聊天讲故事，无比期待与你见面呢。

宝宝，我们大家都很爱你，你感受到我们对你的爱了吗？

胎儿胎长约36厘米，胎重约1300克。

胎宝宝越来越大，快充满整个子宫了，大脑和内脏器官还在继续发育中。他的头部随着大脑的发育而增大，听觉系统也发育得越来越完善了，胎宝宝现在还在努力地练习做一呼一吸的类似呼吸运动。

随着胎儿发育，你会发现，现在胎宝宝的手指甲已完全长出来了。你看，他卯足了劲在为出生做准备呢！

30周的胎宝宝大脑发育非常迅速，肌肉和肺也都在继续生长发育着，眼睛很可爱地在一睁一闭呢。

他的头发越来越密集，骨骼也变硬了，现在他正进行着囤积脂肪的工作，胎宝宝的皮下脂肪不断被"充实"，你会看见一个身材越来越丰满的宝宝呢！

本周，男宝宝的睾丸正处于从肾脏附近的腹腔，沿腹沟向阴囊下降的过程中；女宝宝的阴蒂已突现出来，但并未被小阴唇所覆盖，那要等到出生前的最后几周才完成。

胎宝宝的肺部和消化系统已基本发育完成，身长增长趋缓而体重迅速增加。这周，胎宝宝的眼睛时开时闭，他能够辨别明暗，甚至能跟踪光源。

胎宝宝现在的体重为1600克左右，胎长约40厘米长。全身的皮下脂肪更加丰富，皱纹减少，看起来更像一个婴儿了。你会发现胎动的次数比原来少了，动作也减弱了，但只要胎动的次数符合规律就问题不大。胎宝宝的肺和胃肠功能接近成熟，已具备呼吸能力，能分泌消化液。而且，在本周，胎宝宝的小身体会倒过来，头朝下进入妈妈的骨盆。

二、（怀孕29～32周）
孕妈妈的身体变化

　　宝宝，你知道吗？由于你正在飞速地成长，妈妈现在的肚子就像一个硕大的西瓜呢，走在路上总会收到许多注视的目光。这些目光中都流露出丝丝羡慕和祝福。妈妈的许多同事和朋友都会热情地跟你打招呼呢！在大家温暖的祝福中，妈妈感到很幸福，也更加想快点见到你！妈妈相信，等我见到你了，我会觉得更幸福！真的好感谢能够与你相遇，我亲爱的宝宝！

　　孕29周，孕妈妈子宫的高度比肚脐高7.6～10.2厘米，从耻骨联合处量起约29厘米。现在子宫所在的位置会对膀胱造成压力。你可能感觉又回到了孕期的头3个月，频繁地上厕所，总感觉膀胱里的尿排不净，甚至在笑、咳嗽或者轻微运动时，也会有尿排出。

　　当你走路多或者身体疲劳时，你会感到肚子一阵阵地发紧，这是正常的不规律宫缩。当你仰躺时，你会感到头晕，心率和血压会有所变化。如果从仰躺变为侧躺，症状就会消失。

孕30周，准妈妈的子宫约在肚脐上方10厘米处，从耻骨联合量起，子宫底高约30厘米。因为子宫上升到了膈，孕妈妈会感到身体越发沉重，肚子像个大西瓜，行动吃力、呼吸困难并且胃部感到不适。再过几周，随着胎儿的头部开始下降，进入骨盆，不适感会逐渐减轻。

进入31周，孕妈妈的子宫底已上升到了膈处，你会经常感到胃里不舒服，特别是吃完饭后。这种症状大约到34周胎儿头部下降，进入骨盆就可以缓解了。你会发现最近你的体重增加得特别快，这是因为宝宝这时生长的速度很快。你的肚脐周围、下腹及外阴部的颜色越来越深，也许你身上的妊娠纹和脸上的妊娠斑也更为明显了。

孕妈妈继续以每周450克的速度增重。你会感觉更加疲惫，腹部增加的重量会改变你的体形和身体的重心。你感到腰酸背痛或臀部及大腿部疼痛，这是由于这个时期你的腹部肌肉受到拉伸，激素让你的韧带变得更加松弛，增大的子宫甚至还会压迫到一些神经。疼痛和疲惫会让你感觉不想动，但是为了能顺利分娩，还是要适当地做些运动。现在，宝宝的头下降，压迫到了你的膀胱，因此，你的尿频更加严重。你的阴道分泌物也增多了，此时更要注意外阴的清洁。

斯瑟蒂克提醒：准爸妈必读

从本周起，胎动会更加频繁，孕妈妈要学会数胎动，并通过记录胎动来判断体内胎儿的健康状况。如若发现异常，要及时告知医生，以便及时采取应对措施。

• 开始记录胎动

孕妈妈可以从本周开始每天记录胎动。每日记录胎动，是监测胎儿健康的简单、经济而有效的方法。它不仅可及时发现胎儿缺氧或胎盘功能不足的情形，还可减少孕妈妈因过度紧张而造成的疑虑。一旦发现胎动不正常，应及时就医，减少意外事情发生的概率。

• 预防和应对早产

孕晚期要减少活动，注意休息，避免疲劳；要放松心情，让情绪平稳，避免紧张以及受到惊吓或刺激。如果由于活动不足引起血液循环不良，不妨请家人为你做适度的肌肉按摩。如果孕妈妈出现早产的迹象，即出现规律性的宫缩，或有阴道出血的状况，要注意安胎，避免做一切会刺激子宫收缩的事情，最好住进医院，保持安静，采取保胎措施。

到本周，胎宝宝已经有 1400 克重了，小家伙在孕妈妈的腹中活动频繁。与此同时，孕妈妈的日子变得艰难起来，会出现呼吸困难、饭后不适等问题。孕妈妈要继续加油哦！

• 应对心悸、呼吸困难

平时要多卧床休息。若是由于怀孕造成呼吸困难，孕妈妈在睡眠时可避免平躺，改半坐姿会较为舒适。如果在走路时，发生心悸和呼吸困难，要停下来站立或坐下休息。孕妈妈还可练习腹式呼吸，不仅能给胎儿输送新鲜的空气，而且可镇静神经，消除紧张与不适，在分娩或阵痛时还能缓解紧张心理。

• 去医院进行骨盆测量

通过骨盆测量，可了解骨盆的大小、形状，估计胎儿与骨盆的比例，判断能否自然分娩。骨盆测量一般在孕 28~32 周进行，若过早测量，因为阴道和韧带不够松弛，会影响测量结果；过晚则有引起感染或胎膜早破的危险。

本周，随着胎儿身体各器官发育的完成，胎儿身长增长减慢而体重迅速增加，胎儿在子宫内可活动的空间越来越小。与此同时，孕妈妈子宫撑大，挤压胃部，导致孕妈妈胃口又开始变差了。

• 减少性生活的频率

　　步入孕后期，腹部隆起明显，子宫敏感性增加，任何外来刺激，即使是轻度冲击都易于引起子宫收缩，引发早产。建议尽可能减少性生活的次数，以每月 1~4 次为好，以免发生意外。性交时间要缩短，动作要柔和。最好采用丈夫从背后抱住你的后侧位，避免造成腹部受压。

• 妈妈应适时停止工作

　　如果孕妈妈的工作不属于体力劳动，工作强度不是很大，那么孕晚期还可以坚持工作，只是要避免上夜班、长期站立、抬重物及颠簸较大的工作。如果孕妈妈的工作需要长期使用电脑，或在工厂操作间等阴暗嘈杂的环境工作，那么建议孕妈妈在怀孕期间调动工作，或选择暂时离开工作岗位，待在家中。

如果胎宝宝营养充足、正常发育的话，那么，到本周胎宝宝该有1600克了。去医院检查，医生会告诉孕妈妈，宝宝的头朝下了，那是为出生做准备的姿势哦。与此同时，孕妈妈的膀胱被不断增大的子宫挤压着，变得更小了，孕妈妈又开始尿频了。

准备好母婴用品

　　再过不久，胎宝宝就是足月儿了，随时可能会出生，因此，孕妈妈不妨在本周准备一些婴儿出生后的母婴用品，如哺乳及清洗用品、新生儿的衣物以及孕妈妈产后的专用衣物和产后专用的卫生巾。

B超显示宝宝脐带绕颈别着急

　　胎儿出现脐带绕颈后，孕妈妈不必过于担心，可以通过数胎动来自行判断胎儿的情况，于早中晚各测 1 小时，3 小时胎动次数的总和乘以 4 得出 12 小时胎动的总数，若总数大于 12 次表示正常，若 12 小时胎动少于 10 次，或每小时少于 3 次，需速去医院检查。

三、（怀孕29~32周）胎教重点

让宝宝还在妈妈的腹中就感受到大家的爱，感受到妈妈的爱，可以为宝宝日后形成热爱生活、积极乐观的精神打下良好的基础。因此，妈妈可以这么做：

交流可以与胎儿的心灵相通

孕妈妈与宝宝之间可以通过血液中的化学成分进行沟通。孕妈妈通过对自己情感的调节，可以创造出清新的氛围，让自己精神愉快，心理健康的同时，通过孕妈妈的神经传递作用，也会对宝宝的大脑发育产生良好的影响，这被称为"情感胎教"。因此，孕妈妈除了要保持良好的精神状态，也应该经常与宝宝交流，将自己积极向上的情绪更好地传递给宝宝，让宝宝更好地成长。

《雏菊》

为宝宝讲述清新的童话故事，传达故事中纯真的情感，就是一种经典的情感胎教的方式。今天，让宝宝与孕妈妈一起分享一个纯真可爱的故事。

一个清晨，小雏菊盛开了，她白色的花瓣衬托着中央金黄的花盘，闪闪发光，像个小太阳。它从来都不指望着人们注视自己，她是一朵生长在草丛中的小花。可她依旧很开心，她把头转向阳光射来的地方，抬头瞧这太阳，静静地聆听百灵鸟在高空歌唱。

小雏菊心里高兴得像过年一样。而实际上，这只是个平凡的星期一，孩子们都去上学了。此时，小孩坐在学校的板凳上，她坐在草丛中，感受着温暖的阳光、身边的一切和仁慈的上帝。小雏菊觉得，她在宁静之中认识到的万物，现在全都被百灵鸟用歌声唱出来了。她怀着几乎是崇敬的心情望着空中那只能唱又能飞的百灵鸟，但是，也不认为自己不能唱歌不能飞翔就是一种不幸。

"我可以观看，也可以聆听！"她想，"有太阳温暖着我，微风亲吻着我。我已经拥有很多幸福了！"

正当她想着这些事情的时候，"滴沥滴沥！"百灵鸟飞了下来，可她既没有飞到牡丹身边也没有飞到郁金香那里哦，她停在了草丛里低微的小雏菊旁边。小雏菊又是欣喜若狂又是受宠若惊，简直不知道该干什么好了。

百灵鸟围绕着小雏菊，唱起了歌，跳起了舞。

"草地可真柔软！瞧瞧，多可爱的小花呀，有颗金子做的心，还穿着白银衣裳！"

小雏菊黄色的花盘看起来的确像金子，堆在四周的白色花瓣比作白银也一点不差。

无法形容小雏菊现在究竟有多开心！百灵鸟用嘴巴吻着她，对她歌唱，唱了很久才飞回了空中。足足用了一刻钟的时间，小雏菊才从陶醉之中清醒过来，又是羞怯又是欢喜地看着花园里的花朵。她们都看见小雏菊得到了无上的光荣和快乐，也懂得这是件开心的事。可郁金香站得比从前更直了，越发地不可一世，涨红的脸上写得全是她自己庸人自扰的抱怨；牡丹也不是傻子：幸好她们不会说话，不然小雏菊一定会被大骂一通的。这株可怜的小花看得一清二楚，她们的情绪都很不好，这使得她很困扰。

此时，花园里来了一个小姑娘，手里拿着把明晃晃的锋利匕首。小姑娘径直地走向花田里的郁金香，把她们一朵一朵地砍了下来。

"噢！"小雏菊叹了一口气，"太可怕了！她们这下全完了。"

女孩带着郁金香迅速离开了。小雏菊心有余悸，庆幸自己是生在草丛里，庆幸自己只是一朵不起眼的小花。当太阳落山的时候，她就卷起自己的花瓣睡着了。整整一个晚上，她的梦境里全都是空中温暖的太阳和那只美丽的鸟儿。

名画欣赏《可爱的羔羊》

孕妈妈都对宝宝的出生充满期待。与宝宝在一起，宝宝脸上的每一抹微笑，都如阳光般暖人心田。

这幅名为《可爱的羔羊》的油画，画家以明丽纯净的色彩描绘了风和日丽、阳光明媚的草地上可爱的羔羊，年轻的母亲抱着婴儿在逗着母羊和小羊，表达了一种母爱与慈悲同在的情怀。画家以敏感细腻的笔触，记录了生活中一幅温暖人心的画面，那种温暖纯净的母爱，打动了每一个欣赏这幅画的人的心灵。

益智卡片：认识数字"9"

让我们今天继续益智卡片的学习，一起来学习数字"9"。

孕妈妈一边用手描摹"9"的形状，一边将它牢牢地记在脑海中。

"9"是不是像一个小哨子呢？也像一个可爱的小蝌蚪吧？

那"9"意味着多少呢？妈妈可以数数手指头，也可以数数"9块饼干""9个苹果"。

α-亚麻酸，促进宝宝大脑发育

α-亚麻酸是维系人类大脑进化和构成人体大脑细胞的重要物质，是人体智慧的基石，为人体必需的脂肪酸，是组成大脑细胞和视网膜细胞的重要物质。α-亚麻酸能控制基因表达，优化遗传基因，转运细胞物质原料，控制养分进入细胞，影响胎宝宝脑细胞的生长发育，降低神经管畸形和各种出生缺陷的发生率。

然而α-亚麻酸在人体内不能自主合成，必须要从外界摄取。若缺乏α-亚麻酸，孕妈妈会出现睡眠差、烦躁不安、疲劳感明显，以及产后乳汁少、质量低等情况。对于胎宝宝来说，α-亚麻酸摄入不足会导致胎宝宝发育不良、出生后智力低下、视力不好、反应迟钝、抵抗力弱等。

孕妈妈每日宜补充1000毫克的α-亚麻酸。补充α-亚麻酸可以多吃富含α-亚麻酸的食物，深海鱼虾类，如石斑鱼、鲑鱼、海虾等；坚果类，如核桃等。在含有α-亚麻酸的食物中，亚麻籽油中的含量是比较高的。孕妈妈每天吃几个核桃或者用亚麻籽油炒菜都可以补充α-亚麻酸。

准爸爸学堂：爸爸唱儿歌《可爱的蓝精灵》

许多胎宝宝都很喜欢爸爸低沉稳重的声音，多听听爸爸的声音不仅可以帮助胎宝宝记忆力的发展，还能促进亲子感情呢。

在那山的那边海的那边

有一群蓝精灵

他们活泼又聪明

他们调皮又灵敏

他们自由自在生活在那

绿色的大森林

他们善良勇敢相互都欢喜

Ou 可爱的蓝精灵

Ou 可爱的蓝精灵

他们齐心合力开动脑筋

斗败了格格巫

他们唱歌跳舞快乐多欢喜

在那山的那边海的那边

有一群蓝精灵

自创好心情

孕妈妈的情绪会对宝宝的大脑发育产生影响。如果孕妈妈的情绪是焦虑不安的，会影响宝宝的正常发育。而孕期由于种种不适、种种担忧会使情绪不佳，因此孕妈妈要调整好自己的心情。调整心情的方式有很多，如看书、听音乐、绘画、孕妇瑜伽、聊天等。孕妈妈可以根据自己的情况，找到最适合自己的放松方式，在自己情绪不佳时，放松发泄一下。轻松好心情由自己把握。

欣赏《梦幻曲》

《梦幻曲》是舒曼所作的13首《童年情景》中的第七首。他写过很多表现梦幻的曲子，这是其中最脍炙人口的一首，也是《童年情景》整部套曲中最精彩迷人的一首，常常单独演奏。舒曼的音乐创作注重灵感和诗化，富有文学性和自传性。这首曲子表达了舒曼对幼年时代的回忆。乐曲的旋律优美，和声色彩分明与丰富的对位技巧，揭示了儿童纯净的梦幻意境。

曲子浪漫优美，旋律起伏变幻，格调婉转。聆听《梦幻曲》会让人觉得自己仿佛变成了一个蹦跳着的、欢乐地哼着小曲的孩子，轻快天真。非常适合妈妈和宝宝一起静静欣赏、尽情想象。

《动物数字歌》

小宝宝都对动物有着特别的兴趣，动物是很好的胎教素材。 胎宝宝有非常了不起的听力，孕妈妈可以为胎宝宝绘声绘色地念一念《动物数字歌》这首童谣，通过有趣的童谣，不仅可以帮助记忆数字，还可以对小动物的样子有个初步的了解。

👣 国学故事《黄香温席》

今天让孕妈妈与宝宝一起分享一个讲述中华传统美德的故事，一起感受故事中暖暖的亲子温情。

东汉时期，有个小孩叫黄香。

黄香非常孝敬父母。母亲生病的时候，小黄香一直守护在病床前，不离左右。可是，在他9岁时，母亲去世了。失去了母亲的黄香非常悲伤，他对父亲更加关心、照顾了，尽量让父亲少操心。

这年的冬天，天气特别冷。黄香晚上读书时，捧着书卷的手一会儿就冰凉冰凉的了。他睡觉的时候，感觉被窝里简直像个冰窟窿，冻得浑身直打战。好不容易，黄香快要睡着了，突然想到：我的床这么冷，父亲的床不也一样吗？

他一骨碌从床上爬起来，悄悄打开房门朝外面一看，看到了父亲忙碌的身影。

他心想：都这么晚了，父亲还在干活，真是太辛苦了！

想到这里，小黄香蹑手蹑脚地向父亲的床走去，他一头钻进了父亲的被窝。

父亲的被窝真凉啊！

黄香躺在父亲的被窝里，冷得有些受不了了，他就一边躺着，一边背诵白天刚学过的诗文。过了好大一会儿，被窝里终于开始暖和起来。当劳累了一天、疲劳不堪的父亲来到自己的床边，准备睡觉时，突然发现了躺在被窝里的黄香。

"香儿，你这是在干什么呀？"父亲惊讶地问道。

黄香忙从被窝里爬出来，匆匆向自己的床走去。

他边走边说："我这是为父亲暖被窝啊，您累了一天了，热被窝可以让您好好休息。"

"我家的香儿真懂事，真懂事！"父亲感动得不知如何是好。

黄香温席的故事就这样传开了，街坊邻居都夸奖黄香是个孝顺的好孩子。

益智卡片：认识心形

今天来学习心形这个用来表达爱意的图形吧！

在记忆图形的时候，孕妈妈可以用手指不断地在卡片上描摹图形的形状，在脑海中形成立体的图像并传递给宝宝。也可以用双手拼出完整的爱心来加深宝宝对心形的认知。

孕妈妈也可以跟宝宝一起寻找生活中心形的物品。例如，孕妈妈的心形发卡、客厅里的心形靠垫图画书上的心形图案等。与宝宝一起寻找实物，可以加深宝宝对图形的记忆哟！

维生素E，血管的清道夫

维生素 E 是一种脂溶性维生素，又名生育酚。可有效预防心血管疾病，因而又被誉为"血管清道夫"。维生素 E 同时也是一种很强的抗氧化剂，能够抑制脂肪酸的氧化，对预防癌症及心脑血管疾病非常有效；还能抵抗自由基的侵害，延缓衰老。

维生素 E 对心脏和血管的健康尤其重要，它是重要的血管扩张剂和抗凝血剂，可以改善血液循环、修复组织，可减少伤口形成瘢痕，降低血压。大量摄取维生素 E 可降低动脉粥样硬化的发病率。

维生素 E 对孕妈妈的主要作用就是保胎、安胎、预防流产。母体缺少维生素 E 是导致流产及早产出现的重要原因之一。孕期缺乏维生素 E 还会使孕妈妈的生殖系统受到损害，生殖上皮发生不可逆转的变化。缺乏维生素E也会对胎宝宝产生不良影响，这可能使胎宝宝出生后发生黄疸。

由于维生素 E 在血液制造过程中担任辅酶的功能，若缺乏维生素 E 会使孕妈妈造血功能受损，导致贫血，这也是宝宝贫血的主要原因之一；同时，也会使孕妈妈的皮肤老化粗糙，脸色无光，以致精神不佳，还可能引发眼疾、心脏病等。

在日常饮食中，多吃富含维生素 E 的食物可以起到很好的补给作用。玉米油、花生油、葵花子油、菜籽油、豆油等食用油类；核桃、葵花子、南瓜子、松子、花生等坚果类；豌豆、菠菜、南瓜、西蓝花等蔬菜；全麦、糙米、燕麦、小麦胚芽等谷类都是含维生素E比较丰富的食物。另外，蛋、牛奶、动物肝脏、肉制品、豆类的维生素E含量也比较丰富。

维生素E在人体储存的时间较短，在光照、热、碱和铁等微量元素存在的情况下容易氧化，因此，必须定期摄入。我国居民目前烹调用油主要以植物油为主，因此，不容易缺乏维生素E。要注意的是，若孕妈妈过量摄入维生素E，会抑制胎儿生长，损害凝血功能和甲状腺功能，还可使肝脏的脂肪蓄积。因此，建议孕妈妈每天摄取10毫克左右的维生素E最为适宜。

夫妻关系一定要和睦

胎教不仅仅是孕妈妈一个人的事，准爸爸也同样也有教导胎宝宝的责任。夫妻双方关系和睦能够让胎教的效果达到最佳。若是怀孕中晚期，夫妻之间关系不融洽，时常闹矛盾，会导致孕妇精神状态不佳，胎动次数会因此发生改变，影响宝宝的身心发育，并且宝宝出生后往往易受惊吓、烦躁不安、哭闹不止、经常吐奶、频繁排便、明显消瘦等。怀孕期间，夫妻双方都要互相尊重、互相理解，维持和谐的状态。这样，才能让宝宝得到更好的成长。

听妈妈唱儿歌《小白船》

　　孕妈妈轻柔的声音能够给宝宝带来温暖、安心的感觉。孕妈妈为宝宝轻轻哼唱一首优美舒缓的《小白船》，让宝宝感受到美好静谧的氛围，孕妈妈也能一同回忆美好的童年时光。

蓝蓝的天空银河里
有只小白船
船上有棵桂花树
白兔在游玩

桨儿桨儿看不见
船上也没帆
飘呀飘呀飘向西天

渡过那条银河水
走向云彩国
走过那个云彩国
再向哪儿去

在那遥远的地方
闪着金光
晨星是灯塔
照呀照得亮
晨星是灯塔
照呀照得亮

益智卡片：认识"人"字

今天开始终于和宝宝一起学习汉字了！我们先从最简单的"人"字开始吧！

与学习数字一样，孕妈妈同样要用手指在卡片上描摹"人"字，将"人"字的形状牢牢记住。同时，还要正确念出"人"字的发音。让宝宝在记忆字形的同时，也能记忆读音。

那什么是人呢？爸爸、妈妈都是人，宝宝也是人哦！人跟其他动物不同，是一种会思考、会说话、会劳动的动物。等宝宝你出生后，你就会慢慢明白这个字的含义的。

让宝宝跟光玩游戏

通过产检，孕妈妈知道宝宝头部的位置，孕妈妈可以每天选择固定的时间，用手电筒透过腹壁照射宝宝的头部。

但每次照射5分钟左右就够了，当宝宝感受到光线后，会做出眨眼、转头等动作。而且通过这种光照游戏，可以训练宝宝的视觉功能，并且帮助宝宝形成昼夜周期的规律。

孕晚期的饮食注意事项

孕晚期时，胎儿的骨骼、肌肉和肺部发育日趋成熟，对营养的需求达到了最高峰。胎儿骨骼肌肉的强化和皮下脂肪的积蓄，都是在为出生之后的独立存活做最后的准备。在出生前的最后10周内，胎儿增长的体重大约是此前共增体重的一半还要多。

这个时期的孕妈妈由于子宫占据了大半个腹部，胃部被挤压，饭量受到影响，经常会有吃不下的感觉。要尽量补足因胃容量减小而少摄入的营养，少食多餐，均衡摄取各种营养素，防止胎儿发育迟缓。

● **补充不饱和脂肪酸：**孕晚期是胎儿大脑细胞发育的高峰期，需要补充不饱和脂肪酸，以满足胎儿大脑发育所需。可以进食适量的玉米油、香油、葵花子油或玉米、花生、芝麻来补充必需的亚油酸。海鱼中含有丰富的蛋白质、不饱和脂肪酸和DHA，孕妈妈可适量食用，但海鱼的汞含量也较高，每周食用不可超过4次。也可适量食用添加了DHA和不饱和脂肪酸的孕妇奶粉和人工制剂。

- **补充蛋白质：**由于胎宝宝身体增大、大脑发育加快，孕妈妈需要更多地补充蛋白质，每日摄入量不少于85克。孕妈妈可通过摄入鱼、虾、鸡肉、鸡蛋和豆制品来补充蛋白质。

- **加强钙的吸收：**这个时期，胎宝宝的牙齿和骨骼的钙化加速，孕妈妈体内一半以上的钙是在孕晚期储存的。因此，本月孕妈妈钙的需要量明显增加，可每天喝2杯牛奶来补钙。

- **增加铁的供给：**本月要增加铁的摄入，以保证胎儿的骨骼发育，也为分娩时的失血做准备。此外，仍然要注意各种维生素的补充。

不要看恐怖、打斗等视频

　　妈妈在孕期看恐怖片或有打斗等场景的视频后，这些场景会长期留在妈妈的脑海中，反复出现，会影响到宝宝的成长发育，使得宝宝出生后胆小、易受惊吓。恐怖和打斗等场面会给孕妈妈带来视觉和听觉上的刺激，使孕妈妈心率加快、血压升高、呼吸急促，增加流产和早产发生的概率。因此，为了宝宝能够安全健康地成长，孕妈妈在怀孕期间尽量不要看恐怖或有打斗等刺激性场景的视频。

益智卡片：认识数字"10"

今天，我们要开始学习一个两位数了呢，它就是"10"。

首先，将注意力集中到"10"的卡片上，与之前学习的数字不同，"10"是由两个数字组合而成的，一个是"1"，另一个是"0"。来，一起用手指描摹它的形状，并将它深深记入脑中。我们还可以通过联想法来记忆数字的外形。"10"是不是很像一支铅笔加一个小球呢？是不是也很像一根火腿肠加一个煎蛋呢？

那么，"10"是什么意思呢？可以数数我们的手指或者是脚趾，因为它们都是10个。从1~10，一起来数数吧！

国学故事《开卷有益》

宝宝，你知道吗？妈妈很喜欢读书，你一定很想知道原因吧！因为只要一打开书本，总能读到有益的文字。妈妈现在就来给你讲一个跟读书有关的故事吧！

宋太宗赵光义是宋朝的第二位皇帝，他喜欢阅读文学和历史书籍，还命文臣李昉等人编撰了一部规模宏大的分类百科全书——《太平总类》，总共有一千多卷，是一部很有价值的参考书。对于这样一部巨著，宋太宗规定自己每天至少要看两、三卷，一年内全部看完，于是更名为《太平御览》。当宋太宗开始说他要看完这部巨著时，有人觉得皇帝每天要处理那么多国家大事，还要读这部大书，太辛苦了，就劝他少看些，也不一定每天都得看，以免过度劳神。可是宋太宗却回答说："我很喜欢读书，从书中常常能得到乐趣，多看些书，总会有益处，而且我并不觉得劳神。"于是，他坚持每天阅读三卷，有时因国事忙耽搁了，一定会抽空补上，并常对左右的人说："只要打开书本，总会有好处的。"当时的大臣们见皇帝如此勤奋读书，也纷纷效仿，所以当时读书的风气很盛，连平常不读书的宰相赵普，也孜孜不倦地阅读《论语》。

Part 09

孕9月
斯瑟蒂克胎教

利用形象语言进行胎教。在白纸上，利用各种色彩来描绘文字或数字，加强视觉效果。识字胎教时，除反复念之外，还要用手描绘字形，并牢牢记住文字的形状与颜色，而且要有形象化的解说。以A为例，可以对胎儿说，A好像是一顶高而尖的帽子，然后选出一个以A为首的单词教给胎儿，如Apron（围裙），并跟胎儿说，这是妈妈在厨房烹饪时要穿的，今天这件的图案很大。此外，妈妈还有好多件。以后，妈妈会穿着它做饭给你吃。数学胎教时，也要用形象的教导法，如告诉胎儿1加1等于2时，不妨说妈妈有一个苹果，爸爸又给了我一个苹果，那么，我就有了两个苹果。

——实子·斯瑟蒂克

一、（怀孕33～36周）
胎宝宝的样子

　　宝宝，现在还有一个多月我们就能见面了！妈妈终于可以看见宝宝的庐山真面目了，光是想想就很兴奋呢！宝宝，你是不是也跟妈妈一样？我相信宝宝你也一定很想见到妈妈和爸爸吧。不过，宝宝你也不要太着急哟！跟妈妈一起再坚持一下！我们一起加油，我们很快就会见面的！

　　现在胎宝宝体重大约2000克，身长为40多厘米。皮下脂肪较以前大为增加，皱纹减少，身体开始变得圆润。他的呼吸系统、消化系统发育已接近成熟。有的已长出了一头胎发。指甲已长到指尖，但一般不会超过指尖。如果是个男孩，他的睾丸很可能已经从腹腔降入到了阴囊；如果是个女孩，她的大阴唇已明显隆起，这说明胎宝宝的生殖器官发育也接近成熟。头部已降入到骨盆。

胎宝宝现在的体重大约2000克。他已经做好出生的准备姿势，但此时姿势尚未完全固定，还有可能发生变化，需要密切关注。他的头骨现在还很柔软，而且每块头骨之间还留有空隙，这是为了在分娩时使头部能够顺利通过狭窄的产道。

现在的胎宝宝越长越胖，变得圆滚滚的。皮下脂肪将在他出生后起到调节体温的作用。35周时，胎宝宝的听力已充分发育。如果在此时出生，他存活的可能性为99％。

36周的胎宝宝仍然在生长，两个肾脏已发育完全，他的肝脏也已能够处理一些代谢废物。从本周末起，他就已经可以被称作足月儿了（37周～42周）。因此从现在开始，你要注意休息和保持个人卫生，随时准备和宝宝见面。

现在覆盖宝宝全身的绒毛和在羊水中保护宝宝皮肤的胎脂开始脱落。他的头部还比较柔软，小脑袋保持着变形的能力，随时根据妈妈产道的需要改变自己的脑袋的形状！宝宝现在的姿势很可能是头朝下的，这是顺产的最理想姿势哦。

二、（怀孕33～36周）孕妈妈的身体变化

虽然等待的日子艰辛而且漫长，但是也充满着期待与希望。想到有一个崭新的生命正在我的肚子里孕育成长，喜悦与兴奋便溢于言表。宝宝，虽然我们还没有正式见面，但是妈妈能感受到你生命的律动。你的每一个细小的动作都能够给妈妈带来无限的温暖和感动。宝宝，妈妈真的很爱你。

你会感到骨盆和耻骨联合处酸疼，尿意频繁，胎儿在逐渐下降到骨盆。也可能会感到手指和脚趾的关节胀痛，腰痛加重，关节和韧带逐渐松弛，沉重的腹部使你懒于行动，更易疲惫，但还是要适当活动。不规则宫缩的次数增多，腹部经常阵发性地变硬、变紧。外阴变得柔软而肿胀。你的胃和心脏受压迫感更为明显，你会感觉到心慌、气喘或者胃胀，没有食欲。你知道吗？不仅仅是宝宝在为出生做准备，你的身体也在为迎接分娩做准备呢！放松心情，坚持到底就是胜利。

你的子宫容量比怀孕前大了500~1000倍，因此你现在感觉身子硕大、动作缓慢是正常的。腿部的负担非常重，常常出现痉挛和疼痛，有时还会感到腹部抽痛，一阵阵紧缩。随着腹部的膨大，消化功能继续减退，更加容易引起便秘，你一定要注意饮食的调整。现在你可能会发现脚、脸、手肿得更明显了，脚踝部肿得老高，如果手或脸突然严重肿胀，一定要去看医生。

从肚脐量起，子宫底部高度约15厘米，从耻骨联合量起约35厘米。到本周，准妈妈的体重增加了11~13千克。现在，你的子宫壁和腹壁已经变得很薄，当宝宝在腹中活动的时候，你甚至可以看到宝宝的手脚和肘部。因胎儿增大并逐渐下降，很多孕妈妈会觉得腹坠腰酸，骨盆后部肌肉和韧带变得麻木，有一种牵拉式的疼痛，使行动变得更为艰难。

如果宝宝已经下沉到骨盆，肋骨和内脏器官可能会有轻松愉快的感觉。你可能会发现自己胃灼热的情况有所好转，呼吸也会变得更容易了。但是，你可能比以前更频繁地去卫生间，压力的变化会让你感到腹股沟和腿部非常疼。这时，你的肚子已相当沉重，肚子大得连肚脐都膨凸出来，起居坐卧颇为费力。有些孕妈妈感觉下腹部坠胀，甚至时时会有宝宝要出来的感觉。

斯瑟蒂克提醒：准爸妈必读

到本周，胎宝宝已经不再是之前那个皱巴巴的小老头模样了，他的皮肤变得富有光泽起来。孕妈妈要开始为生产做准备了。

慎重选择剖宫产

剖宫产的条件一般来说分为三种：第一是胎儿存在风险的情况，为迅速将胎儿脱离危险的状况而实施手术。最常见的情况有脐带脱垂、胎盘早剥、胎儿宫内窘迫等。第二种是为了通过终止妊娠改善母体的不良健康状况或挽救孕妈妈生命。第三种是解决试产后无法自然分娩的难产，如胎位是横位、高直后位等。如果孕妈妈不符合剖宫产的医学指征，专家建议孕妈妈要慎重选择剖宫产。

进入 34 周了，孕妈妈可以长舒一口气了，因为你不用再为宝宝早产而担心。经跟踪调研，在这个阶段出生的宝宝 99% 都很健康，而大多数都不会出现与早产相关的一些严重问题。

进行胎心监测

　　胎心监测一般在妊娠 33~34 周开始进行。在孕 36 周后，每周进行一次胎心监护，如果孕妈妈属于高危妊娠，如妊娠并发糖尿病等，应该每周做 2 次胎心监护。不要空腹做胎心监护，否则会出现假阳性的情况。

适当吃点坚果

　　坚果类食物中含有十几种重要的氨基酸，这些氨基酸都是构成脑神经细胞的主要成分。坚果还含有对大脑神经细胞有益的维生素 B_1、维生素 B_2、维生素 B_6、维生素 E 及钙、磷、铁、锌等营养素。因此，无论是对孕妈妈，还是对胎儿，坚果都是补脑益智的佳品。

到本周，胎儿完全发育成形，身体比例就是一个新生儿。尽管如此，他还在继续发育成熟，体重继续增加。

应对孕期小便失禁

有的孕妈妈在咳嗽、打喷嚏、大笑、走路急或跑步的时候，不能控制排尿而出现尿失禁的现象。出现尿失禁不必害怕，不要经常下蹲，尽量避免重体力劳动，不要提重的物品，以免增加腹压。每天进行盆底肌肉功能锻炼，有节奏地收缩肛门和阴道，每次 5 分钟，每天 2~3 次，一个月后会有明显的改善效果。

警惕胎膜早破

在没有临产前就发生破水的情况叫"胎膜早破"，习惯称"早破水"。感染、子宫内压力异常等都会导致胎膜早破。胎膜早破不仅会增加难产的机会，也会增加胎儿的发病率和死亡率。预防胎膜早破，孕期要加强产前检查，及时纠正羊水过多、胎位不正、便秘、剧烈咳嗽等异常症状，孕期避免提重物，减少性生活的次数，避免腹部创伤和受压。孕妈妈还应多吃新鲜的蔬菜和水果，适量补充多种维生素和矿物质。

随着胎儿逐渐长大，活动空间越来越小，胎动也会变少。即使这样，你每天仍能感到 10 次以上的胎动。妈妈要时刻关注，如果胎动频率和强度减少过于明显，一定要想到胎儿异常的可能，需要及时看医生。

三、（怀孕33～36周）胎教重点

美的形式，可以有很多种。音乐之美，自然之美，色彩之美，当然还有文字之美。通过阅读的方式进行美育胎教，会丰富胎宝宝的精神世界，让宝宝具有浓浓的书卷气息，也有助于宝宝日后涵养的培养。

名画欣赏《豪家佚乐图》

《豪家佚乐图》是清代杨晋的作品，展现了一幅妇人与幼童游玩的画面。两个发髻高挽、雍容华贵的妇人正闲散地坐在石桌前，似乎正在望着前面那个举扇扑蝶的孩子。另一组里，一位妇人一脸安详地靠坐着，凭栏远望，旁边有一个孩童淘气地趴在栏杆上。而湖石的另一处，则有三三两两刚刚漫游到此准备走过眼前的小木桥的妇人与孩子。三组人物的安排自然、巧妙，妇人、幼童或于浓荫草坪上闲坐，或游玩，或观荷，皆生动有别，独立成景之际，又相互映衬。

童话《一个豆荚里的五粒豆》

今天妈妈与宝宝一起分享一个跟坚持、坚强有关的故事吧！

有一个豆荚，里面有五粒豌豆。它们都是绿的，因此它们就以为整个世界都是绿的。豆荚在生长，豆粒也在生长。它们按照它们在家庭里的地位，坐成一排。太阳在外边照着，把豆荚晒得暖洋洋的；雨把它洗得透明。这儿既温暖，又舒适；白天有亮，晚间黑暗，这本是必然的规律。豌豆粒坐在那儿越长越大，同时也越来越喜欢沉思，因为它们多少得做点事情呀。

"难道我们永远就在这儿坐下去吗？"它们问。"我只愿老这样坐下去，不要变得僵硬起来。我似乎觉得外面发生了一些事情——我有这种预感！"

许多个星期过去了。这几粒豌豆变黄了，豆荚也变黄了。

"整个世界都在变黄！"它们说。

忽然它们觉得豆荚震动了一下，被摘下来了，落到人的手上，跟许多别的丰满的豆荚在一起，被放到一件马甲的口袋里去。

"我们不久就要被打开了！"它们说。于是它们就等待这件事情的到来。

"我倒想知道，我们之中谁会走得最远！"最小的一粒豆说。"是的，事情马上就要揭晓了。"

"该怎么办就怎么办！"最大的那一粒说。

"啪！"豆荚裂开了。那五粒豆子全都滚到太阳光里来了。它们躺在一个孩子的手中。这个孩子紧紧地捏着它们，说它们正好可以被当作豆枪的子弹用。他马上安一粒进去，把它射出来。

"现在我要飞向广大的世界里去了！如果你能捉住我，那么就请你来吧！"于是它就飞走了。

"我，"第二粒说，"我将直接飞进太阳里去。这才像一个豆荚呢，而且与我的身份非常相称！"

于是它就飞走了。

"我们到了什么地方，就在什么地方睡。"其余的两粒说。

"不过我们仍得向前滚。"因此它们在没有被装进豆枪以前，就先在地上滚起来。但是它们终于被装进去了。"我们才会射得最远呢！"

"该怎么办就怎么办！"最后的那一粒说。它被射到空中去了，被射到顶楼窗子下面一块旧板子上，正好钻进一个长满了青苔的裂缝里。青苔把它裹起来。它躺在那儿不见了，可是我们的上帝并没忘记它。

"应该怎么办就怎么办！"它说。

在这个小小的顶楼里住着一对母女。母亲白天到外面去擦炉子、锯木材，并且做许多类似的粗活，因此她很强壮，而且也很勤俭，不过她仍然很穷。她有一个发育不全的女儿，躺在这顶楼上的家里。她的身体非常虚弱，在床上躺了一整年，看样子既活不下去，也死不了。

"她快要到她亲爱的姐姐那儿去了！"女人说。"我只有两个孩子，但是养活她们两个人太难了。善良的上帝分担我的愁苦，已经接走一个了。我现在把留下的这一个养着。不过我想他不会让她们分开的；她也会到她天上的姐姐那儿去的。"

可是这个病孩子并没有离开。她安静地、耐心地整天在家里躺着，她的母亲到外面去挣点生活的费用。这正是春天。一大早，当母亲正要出去工作的时候，太阳温和地、愉快地从那个小窗子射进来，一直射到地上。这个病孩子望着最低的那块窗玻璃。

"从窗玻璃旁边探出头来的那个绿东西是什么呢？它在风里摆动！"

母亲走到窗子那儿去，把窗打开一半。"啊，"她说，"我的天，这原来是一粒小豌豆。它还长出小叶子来了。它怎样钻进这个缝隙里去的？现在可有一个小花园来供你欣赏了！"

她把病孩子的床搬得更挨近窗子，好让她看到这粒正在生长着的豌豆。于是母亲便出去做她的工作了。

"妈妈，我觉得我好了一些！"这个小姑娘晚上说，"太阳今天把我照得暖暖的。这粒豆子长得好极了，我也会长得好的；我将爬下床，走到温暖的太阳光中去。"

"愿上帝准我们这样！"母亲说，但是她仍不相信事情会这样。不过她仔细地用一根小棍子把这植物支起来，好使它不致被风吹断，因为它使她的女儿对生命有了愉快的想象。她从窗台上牵了一根线到窗框的上端去，使这粒豆可以盘绕着它向上长，它的确在向上长——人们每天都可以看到它在生长。

"真的，它现在要开花了！"女人有一天早晨说。她现在开始希望和相信，她的病孩子会好起来。最近这孩子讲话是要比以前愉快得多，而且最近几天她自己也能爬起来，直直地坐在床上，愉快地望着这一粒豌豆所形成的小花园。一个星期以后，这个病孩子第一次能够坐一整个钟头。她快乐地坐在温暖的太阳光里。窗子打开了，她面前是一朵盛开的、粉红色的豌豆花。小姑娘低下头来，把它柔嫩的叶子轻轻地吻了一下。这一天简直像一个节日。

"我幸福的孩子，上帝亲自种下这粒豌豆，叫它长得枝叶茂盛，成为你我的希望和快乐！"高兴的母亲说。她对着花儿微笑，好像它就是上帝送来的一位善良的天使。

但是其余的几粒豌豆呢？嗯，那一粒曾经飞到广大的世界上去，并且还说过"如果你能捉住我，那么就请你来吧"！

👣 准爸爸学堂：为什么舌头能尝出味道？

宝宝的味觉已经慢慢发育完成了，而舌头能分辨出味道，这是为什么呢？让百科全书一样的爸爸来给宝宝讲解一下吧。

舌头能尝出味道，是因为舌头有味蕾，味蕾是味觉的感受器，舌头上的很多部位都分布着味蕾，而不同部位的味蕾能分辨的味道是不同的。当我们品尝食物时，味蕾就会把各种味道传递给大脑，大脑会帮我们做出分辨，这样我们就能品尝出味道了。宝宝的味蕾比较多，所以，宝宝的味觉会比爸爸的更敏锐哦！

它落到屋顶的水笕里去了，在一个鸽子的嗉囊里躺下来。那两粒懒惰的豆子也不过只走了这么远，因为它们也被鸽子吃掉了。总之，它们总还算有些实际的用途。可是那第四粒，它本来想飞进太阳里去，但是却落到水沟里去了，在脏水里躺了好几个星期，而且涨大得相当可观。

👣 益智卡片：学算术"1+1=2"

现在，我们来和宝宝一起学习算术吧！我们先从基础的开始吧！在学习算术前，我们可以先复习一下"1"和"2"这两个数字，重新加深宝宝的记忆。学习算术，可以将卡片与实物结合起来。首先，把注意力集中在卡片的算式上，然后，可以拿出1个苹果，然后再拿1个苹果，接着可以提问宝宝："现在妈妈手里有几个苹果呢？"此时，妈妈可以和宝宝一起思考，代替宝宝回答"2个"，将这个概念传递给宝宝。可多举例子，加深宝宝的记忆。

补充维生素K，预防产后大出血

维生素K是一种脂溶性维生素，能合成血液凝固所必需的凝血酶原，有加快血液凝固的速度、减少出血的作用。还可以降低新生儿出血性疾病的发病率。

孕妈妈如果缺乏维生素K，流产率将增加。即使胎儿存活，由于其体内凝血酶低下，易发生消化道、颅内出血等，并会出现小儿慢性肠炎、新生儿黑粪症等；一些与骨质形成有关的蛋白质会受到维生素K的调节，如果缺乏维生素K，可能会导致孕期骨质疏松症或骨软化症；维生素K缺乏还可引起胎儿先天性失明、智力发育迟缓等。人体对维生素K的需要量较少，孕妈妈和乳母维生素K的每日推荐摄入量为120微克。可以通过吃富含维生素K的食物来补充身体所需的维生素K。绿色蔬菜，如菠菜、菜花、莴笋、萝卜等；烹调油，主要是豆油和菜籽油都是富含维生素K的食物。另外，奶油、乳酪、干酪、蛋黄、动物肝脏中的维生素K含量也较为丰富。

国画欣赏《日长如小年》

这是国画大家徐悲鸿赠与美学家宗白华的一幅画作。与普通的白鹅戏水图不同，这幅画描绘的是三只白鹅依偎在一起休息的画面。这幅画的色彩明媚，给人以暖融融的感觉。妈妈与宝宝一起欣赏这幅作品时，用心去体会这幅画所传达的那种人与人之间相互依靠、相互关怀的情怀，就好比妈妈和孩子一样。

《爱之梦》（李斯特）

今天，妈妈和宝宝一起来欣赏一首浪漫迷人的曲子吧。这首就是李斯特的《爱之梦》。李斯特的这首《爱之梦》乐曲舒缓、悠长，但并不是一直都平淡、悠扬，而是有较强的对比性。中间的展开段激情洋溢，高潮结束后又恢复柔情和纯美。相信这首乐曲能让妈妈与宝宝一同沉浸在乐曲营造的梦一般的环境中，享受音乐带来的梦幻与诗意。

益智卡片：认识星形

今天我们来认识一个漂亮的图形——星形吧！

跟学习其他图形一样，妈妈要把注意力集中在图形上。一边用手指描摹形状，一边牢牢地将图形记在脑海中。

我们也可以结合身边的一些实例来帮助宝宝加深记忆。

例如，星星状的饼干，国旗上的五角星，以及电视上经常看到的颜色各异的海星等。

可适当吃一些清火食物

孕妈妈可适当吃一些清火食物，以预防宝宝出生后因为胎火盛而长湿疹。上火的孕妈妈可以多吃一些苦味食物，因苦味食物中含有生物碱、尿素类等苦味物质，具有解热祛暑、消除疲劳的作用。最佳的苦味食物首推苦瓜，不管是凉拌、炒还是煲汤，都能达到"去火"的目的。除了苦瓜，孕妈妈还可以选择杏仁、苦菜、芥蓝等。

除了苦味食物，孕妈妈还可多吃甘甜爽口的新鲜水果和鲜嫩蔬菜。专家指出，甘蓝菜、菜花、西瓜、苹果、葡萄等富含矿物质，尤其是钙、镁、硅的含量高，有安神、降火的神奇功效。上火的孕妈妈可适量吃这类食物。

体会生活中无处不在的美

养胎的日子对于妈妈来说，是较为平静安宁的。妈妈有更多的时间去感受身边的美。妈妈可以走进自然，领略自然之美，享受田园的风光，风吹麦浪。也可以走进博物馆、画廊，去感受艺术之美，知识之美。更重要的是领悟生活中的美，清晨的第一缕阳光，一小段感人的文字，人与人之间的一抹温情。从生活的点滴中领悟美，对眼前的美有一定的理解，并将对美的感受传递给胎宝宝，培养宝宝对美的感悟。

童话《有魔法的大帽子》

今天，妈妈和宝宝一起来分享一个非常有趣的童话故事。这个故事告诉我们一个道理：只要肯努力，没有办不到的事情。

小巫婆的脑袋小小的，却喜欢戴一顶奇大无比的帽子，你只能看见她细细的脖子上挑着一顶大大的帽子。头呢?头藏在大帽子里面。没准你会吓得惊叫起来："啊呀，鬼！"小巫婆要的就是这种效果。

但喜欢恶作剧的小巫婆粗心得很，她总也记不住事。

在天上狂飞了一阵，小巫婆嗓子干干的，她手腕一抖，按下扫帚，落到清亮亮的小河旁。小巫婆真是渴坏了，她摘掉大帽子，把他甩到岸边的草地上。"咕嘟嘟，咕嘟嘟"，小巫婆喝饱了水，抹抹嘴唇，心满意足地抓过破扫帚，双脚一点地，"腾"的一下飞走了。

正在草上蹭痒的大帽子还没来得及"哎"一声，小巫婆已经不见。大帽子叹了口气："粗心的小巫婆，这是你第889次丢掉我了！"

"嘎嘎嘎，鸡妈妈，你也要去镇上吗?""是的，我要给宝宝买一条连衣裙。""嘎嘎，我要买一辆玩具车，小鸭吵了很久了。"鸭妈妈和鸡妈妈边走边聊，来到小河岸边。咦，那座独木桥呢?

"独木桥前几天被洪水冲走了。"山羊爸爸也要到镇上去，他在河边踱来踱去，显得很着急。

"我倒是能游过去，"鸭妈妈说，"可你们不能。"

大帽子听着他们的话，笑了，他冲着急得团团转的鸭妈妈、鸡妈妈和山羊爸爸大喊一声："来坐船吧。"

一艘真正的船，两头尖尖、肚儿圆圆的船，还带着橹，停泊在了河边。鸭妈妈、鸡妈妈和山羊爸爸跳上船，船儿晃晃悠悠过河了。

过了河，船儿摇摇身子，又变成了小巫婆的大帽子。

"我要去找小巫婆，她不能没有我。"大帽子打着滚往前走了。

走着走着，前面出现了一座房子。大帽子往里瞅了瞅，嗬，里面五彩缤纷、花团锦簇，一群小蜜蜂正"嗡嗡嗡"地飞来飞去，原来这是花博士的花房。花博士精心培育了各种奇花异草，用飞机运往世界各地，装点着城市和乡村。

花博士正犯愁呢：飞机不够多，速度也慢，挺水灵的鲜花运到目的地就不艳丽了。怎么办？

大帽子的心"怦怦怦"地跳得可快了，变一架比任何飞机都飞得快的大飞机，他可从来没试过，他能做到吗？

大帽子拼命想着"飞机"，想得出了一头热汗，他大吼一声，"刷——"一架又大又漂亮的飞机停在了花房前面，机身还在轻轻抖动，那是大帽子在高兴地笑哩。

住在南极的企鹅们给花博士发来了"电子邮件"：花博士，我们这里没有鲜花，请您给我们送一些美丽的鲜花来吧。

"大帽子，你能去吗？""哦，我想我不能。南极太冷了，再说我去了也不能让花在冰天雪地里保持鲜活。"

花博士想啊想，脑袋都想疼了，终于想出一个好主意，她对大帽子说："大帽子，你变成一艘透明的火箭吧，你想想看，一艘装满鲜花的透明的巨大的火箭矗立在南极。哇，像一座鲜花宝塔一样！"

大帽子就开始在脑子里想着火箭，他"呼哧呼哧"喘着粗气，大叫着："火箭！火箭！火箭！"哇!火箭出现了！

还有什么做不到的呢？只要你全心全意地去做，你就能创造奇迹。

益智卡片：认识汉字"心"

宝宝知道心形的"心"字要怎么写吗？今天就跟妈妈一起来认识"心"这个汉字吧。

"心"这个字比较复杂，妈妈要按照笔顺仔细描摹，告诉宝宝应该怎么写的同时，也将字形传递给宝宝。

"心"是什么意思呢？妈妈可以联系以前所学习过的心形，帮助宝宝加深对这个字的理解。同时，还可以再举一些实例，如将手放在心脏的部位，告诉宝宝，现在正在不断跳动的就是心脏。而心脏对人来说是非常关键的一部分。每次去检查时，医生说宝宝的心脏跳动得很健康，妈妈都觉得很高兴呢！这样能让宝宝对"心"这个字的理解更加深刻。

多喝酸牛奶，让妈妈和宝宝更健康

酸牛奶是在消毒牛奶中加入适当的乳酸菌，放置在恒温下经过发酵制成的。

酸牛奶改变了牛奶的酸碱度，使牛奶的蛋白质发生变性凝固，结构松散，更容易被人体内的蛋白酶消化。

酸牛奶中的乳糖经发酵，已分解成能被小肠吸收的半乳糖与葡萄糖，因此可避免某些人喝牛奶后出现腹胀、腹痛、稀便等乳糖不耐受的症状。由于乳酸能产生一些抗菌作用，因而酸牛奶对伤寒等病菌以及肠道中的有害生物的生长繁殖有一定的抑制作用，并且在人的肠道里合成人体必需的多种维生素。

因此，酸牛奶比普通牛奶对孕妇、产妇更为适宜。但是，切不可把保存不当、受到污染而腐败变酸的坏牛奶当作酸牛奶喝。

益智卡片：认识立方形

今天，我们要开始学习一个比较复杂的图形了，这个图形叫作"立方形"。

立方形跟之前学习过的正方形是不同的。它是由好几个正方形组成的立体图形。在告诉宝宝这一点后，妈妈可以跟学习之前的图形一样进行立方形的学习。用手指仔细描摹卡片上的图形，将形状印刻在脑海中，传递给宝宝。

与实物联系永远是最好的记忆方法。妈妈可以跟宝宝一起玩一个找立方形的小游戏。找找生活中立方形的实物，可以加深宝宝的记忆。

《四小天鹅舞曲》（柴可夫斯基）

《四小天鹅舞曲》是柴可夫斯基的四幕舞剧《天鹅湖》第二幕中的舞曲。这首舞曲音乐轻松活泼，节奏干净利落。妈妈与宝宝一起聆听这首乐曲，情绪都会不由自主地随着音乐高涨起来。沉浸在轻松愉悦的气氛中，仿佛看到了小天鹅在湖畔嬉戏漫游的情景。旋律不仅质朴动人，还富于田园般的诗意，能让妈妈和宝宝一同畅游在旋律的海洋中。

保护视力，补充维生素A

维生素A又名视黄醇，是人体必需却又无法自行合成的脂溶性维生素。维生素A可促进胎宝宝视力的发育，增强机体的免疫功能，有利于牙齿和皮肤黏膜的健康。维生素A还能促进孕妈妈产后乳汁的分泌，同时有助于甲状腺功能的调节。

孕妈妈若缺乏维生素A，会出现皮肤干燥、抵抗力下降等症状，还会影响胎宝宝皮肤系统和骨骼系统的生长发育，引起胎儿生长缓慢、胚胎发育不全。严重缺乏时，还会引起胎儿多器官畸形、流产。

维生素A只存在于动物体内。动物的肝脏、鱼肝油、奶类及鱼子是维生素A的最好来源。红色、橙色、深绿色植物性食物中含有类胡萝卜素，通过胃肠道内的一些特殊酶的作用可以催化生成维生素A。胡萝卜、菠菜、红心甘薯、芒果等都是类胡萝卜素的最佳来源。

Part 10

孕10月
斯瑟蒂克胎教

　　等到宝宝出生以后，最好把胎教所用过的东西，放在宝宝的面前，如此一来，宝宝会慢慢回忆起以前学过的东西。

——实子·斯瑟蒂克

一、（怀孕37～40周）
胎宝宝的样子

　　宝宝，还有不到一个月的时间我们就能见面了，你紧张吗？妈妈可是开始紧张了呢。而且不光是我，连爸爸、爷爷、奶奶他们都开始紧张起来，准备这个准备那个的。但是相对于紧张，我们更多的是兴奋与激动。想到即将要与期待已久的你见面，真的是件很幸福很兴奋的事情呢！宝宝，让我们一起继续加油吧！

　　本周胎宝宝的肺和其他呼吸器官都已经发育成熟。体内的脂肪增加到约8%，到出生时约15%。很多胎儿的头发已经又黑又多，一般有1~3厘米长，但是也有的胎儿头发有些发黄，除了营养因素外，遗传也是重要原因之一，如果父母中某一方头发是自来卷的话，你的胎儿也很可能是个小自来卷。当然也有一些胎儿一点头发都没长，不过不必对宝宝头发的颜色或疏密过多地担心，因为宝宝在出生后随着营养的补充，头发会自然变得浓密光亮。

现在胎宝宝可能已经重3200克了，身长也有50厘米左右了。胎头在你的骨盆腔内摇摆，周围有骨盆的骨架保护，很安全。他身上原来覆盖着的一层细细的绒毛和大部分白色的胎脂逐渐脱落，这些物质及其他分泌物也被胎宝宝随着羊水一起吞进肚子里，贮存在他的肠道中，变成墨绿色的胎便，在他出生后的一两天内排出体外。

一般情况下，男孩平均比女孩略重一些。胎宝宝的皮下脂肪现在还在继续增长，身体各部分的器官已发育完全，其中肺部将是最后一个成熟的器官。

40周是胎儿降生的时候，所以胎儿内脏和神经系统功能已经健全，手脚肌肉发达，富有活力，脑细胞的发育基本定型。胎儿的胸部会变得更突出，由于肝在血红细胞生产中的特殊作用，胎儿的肝会自然变大。

大多数宝宝会在这周和妈妈见面，但这并不绝对，提前三周或推迟两周都是正常的。据统计，真正能准确地在预产期出生的婴儿只有5%。

二、（怀孕37~40周）孕妈妈的身体变化

　　宝宝，你知道吗？你的名字终于确定了。这可是动员了全家的力量呢。为了能够给你起一个好名字，大家都竭尽全力呢！特别是你爸爸，每天都不停地翻字典，就是为了给你找到一个最好的名字。宝宝，见到爸爸后一定要好好感谢他哟！

　　离预产期越来越近了，你是不是总会接到亲戚朋友的电话，问你"生了没有"？等待分娩的日子会使你感到很焦虑，你也会开始一天天地数日子。其实，只有5%的孕妈妈在预产期分娩。多数孕妈妈都在预产期前后两周分娩，都是正常的。本周宫缩比上周更加频繁，你可能怀疑自己快生了，其实，这只是正常的宫缩，并不是临产宫缩。只有当正常宫缩时断时续一整天或一整晚后才称为临产宫缩。子宫分泌物增多，有些准妈妈的子宫口会提前微微张开。

进入38周，孕妈妈的体重仍然会增加约0.45千克。你的心情可能很矛盾，既希望能早点见到宝宝，可一想起分娩需要熬上几个甚至十几个小时的疼痛，就会很恐惧。在表现分娩真正的子宫收缩之前，孕妈妈会经历假阵痛收缩。假阵痛收缩不同于子宫收缩，且是没有规律地出现，只要稍加运动，阵痛就会消失。在孕期的最后几周，你的脚还是会非常肿胀，这都是正常的。

本周开始，孕妈妈感到腹部的隆起有些撑不住了，活动更加不便，你也许会产生许多不舒服的感觉和思想负担。

国外的心理学者曾对产妇做过心理测试。临产前，产妇的依赖性增加，被动性加强，行为幼稚，要求别人关心自己，主观感觉异常的体验明显增多，对体内的胎儿活动尤其关注。

如果你已经升级为新妈妈，那么，从现在开始，学习必要的育儿知识吧。

如果现在你还在全心全意地等待着宝宝的出生，那么一定要保持淡定和平稳的心态。也许在本周的某一天，或者下周，你就会感觉到腹部像针扎似的痛，如果这种疼痛变得越来越长、越来越剧烈、越来越集中时，你的产程多半就已经开始了。一旦阵痛间隔的时间小于30分钟，你就要到医院做好待产的准备了。

斯瑟蒂克提醒：准爸妈必读

现在是做分娩前准备的时候了，宝宝出生后所有的用品最好在本周准备齐全，随着胎儿的增大，你的活动越来越不方便了，不能长时间行走。所以，你和丈夫应该准备好你住院分娩及分娩后所需要的东西。如产妇的证件，包括身份证、医保卡、准生证、母婴手册等；产妇入院的洗漱用品；婴儿的洗漱用品。

　　到本周，胎儿已经完全发育好了，具备了在母体外独立生存的能力，胎儿随时会出生。

　　妈妈要克服临产恐惧。临产时，过分紧张会造成分娩困难。临产前，孕妈妈一般心情比较紧张，不想吃东西或吃得不多，所以，首先要求食物的营养价值高，可选择鸡蛋、牛奶、瘦肉、鱼虾和大豆制品等食物。同时，要求进食少而精，以防止胃肠道充盈过度或胀气而妨碍分娩。再者，分娩过程中消耗的水分较多，因此，临

产前应吃含水分较多的半流质软食，如面条、大米粥等食物。

辅助分娩的方式有：

导乐分娩

让丈夫和一名导乐（ 既有医学知识，又有处理产程经验的助产士 ）对产妇从临产到产后 2 小时进行全程陪护。

水中分娩

产妇在子宫口开大 7 厘米时，进入 35~37℃的温水中分娩，胎儿娩出后即刻出水，产妇在胎盘娩出前出水。水中分娩对分娩水池的水和环境要求严格，在我国尚未广泛开展。

会阴侧切

会阴是指阴道到肛门之间长 2~3 厘米的软组织。分娩过程中，由于阴道口相对较紧，影响胎儿顺利娩出，需做会阴侧切术，扩大婴儿出生的通道，是产科常见的一种手术。做侧切可扩大会阴，保护胎儿，使其尽快出生。产妇会阴侧切后，阴道和会阴大约在一周内愈合。

经过了漫长的 260 多天，现在你很快就能见到宝宝了，把他抱在怀里，亲亲他的小脸蛋。那时你就会感到，为了这个小天使，你所有的付出、艰辛都是那么的值得。

做好最后一次产检

分娩前的各项检查都是必要的，是保证孕妈妈和胎宝宝生命健康的前提和基础。孕妈妈在待产时，一般每隔 2~4 小时就要测量体温、血压、呼吸、脉搏及胎心音等项目各 1 次，以便医护人员及时了解分娩进行的状况。

学习减轻分娩疼痛的心理疗法

增强分娩的信心；想象与暗示，想象宫缩时宫口在慢慢开放，阴道在扩张，胎儿渐渐下降，同时自我暗示："生产很顺利，很快就可以见到我的宝宝了"；呻吟与呼气，借助呻吟和呼气等方法减轻疼痛；分散注意力。

三、（怀孕37~40周）胎教重点

　　教胎儿识字也是一种行之有效的胎教方法，选择一些比较简单的字开始学习。这种方法能够集中孕妇的注意力，使其通过眼、耳、口、手等器官的刺激，专注、认真地观察、讲解和学习，对胎儿起到潜移默化的影响。

利用手工放松心情

　　● **剪纸：** 剪纸也属于胎教的内容。可先勾画轮廓，然后用剪刀剪，剪个胖娃娃、"双喜临门""喜鹊登梅""小儿放牛"或孩子的属相，如猪、狗、猴、兔等。通过剪纸进行美术胎教，向胎儿传递美的信息。

　　● **绘画：** 绘画不仅能提高人的审美能力，产生美好的感受，还能通过笔触和线条释放内心情感，调节心绪。即使不会绘画，在涂涂画画之中也会自得其乐。

　　● **手工编织：** 孕期勤于编织的孕妈妈所生的孩子都会心灵手巧。编织动作精细灵敏，可促进大脑皮质相应部位的活动，提高思维能力，促进胎儿大脑发育。孕妈妈编织胎教包括以下内容：亲自设计宝宝毛衣的图案，给宝宝编织毛衣、毛裤、帽子等；编织其他手工艺品，如枕巾、壁挂、贴花等；用钩针钩织各种婴儿用品，如小披肩、小外套等。

益智卡片：学习汉字"大"和"小"

　　今天，我们来学习一对有趣的字——"大"字和"小"字。

　　跟之前学习的汉字一样，妈妈一边清楚地读出汉字的读音，一边用手认真描摹字的外形。

　　但是，今天的卡片是不是跟之前的卡片有所不同呢？卡片上的两个字一个高大一些，另一个矮小一些呢！对了！那个大一些的字就是"大"字，旁边那个小个子就是"小"字。妈妈进行比较的同时，还能帮助宝宝理解这两个字的含义。

当然，妈妈可以多做一些这样的比较。例如，跟宝宝玩一个比大小的游戏。"宝宝，你看那个，妈妈面前有两个苹果，哪个苹果大一些呢？"然后，妈妈指出大一些的苹果，问："这个大一些，对吗？"或者指出另一个苹果说："这个苹果是不是比较小呀？"可以多玩几次这样的比较游戏，加深宝宝对于"大""小"两个字的理解。

做几个促进分娩的小运动

妈妈可以在预产期前练习一些分娩促进运动，有助于促进顺产。

- **画圈运动：** 左手扶住椅背，右腿固定，左腿做360度的画圈运动，还原，然后换另一边。早晚各做5~6次。
- **腰部运动：** 双手扶住椅背，慢慢吸气，同时手臂用力，踮起脚尖，挺直腰部，然后慢慢呼气，手臂放松，双脚还原。早晚各做5~6次。
- **腿部运动：** 自然站立，一腿固定，另一条腿用力提至与地面呈45度，脚腕稍微向上翻。然后换腿，重复练习。

准爸爸学堂：不倒翁为什么不会倒？

宝宝，知道爸爸手里拿着的是什么东西吗？这个小娃娃叫作"不倒翁"，不管你怎么推它，它都不会倒下，所以大家都叫它"不倒翁"。那宝宝知道它为什么不会倒吗？爸爸告诉你吧！

不倒翁不会倒的原因呢，是因为不倒翁的整个身体都很轻，但是它的底部放了一个很重的东西，例如铁块、铅块。而且，不倒翁的底部面积很大很光滑，非常容易摆动。所以，当不倒翁向一边倾斜时，它跟桌面的接触点发生变化，重心和接触点就不在一条线上了，这时在重力的作用下，它就会绕着接触点转动，直至回到原来的位置。这就是不倒翁永远不会倒的原因啦！

补充镁元素，预防妊娠中毒症

妊娠过程中，孕妈妈体内雄性激素分泌量会增加，镁的需要量也会随之增加。镁元素不但可以维持母体营养的平衡，也可以预防妊娠中毒症。妊娠中毒症是孕晚期的常见并发症，其病因主要是由于心脏等血液循环系统出现了问题。倘若孕妈妈能适量补充镁元素，则能有效预防妊娠中毒症。

镁在肉类、奶类、大豆、坚果中的含量丰富，另外，在菠菜、豆芽、香蕉、草莓等蔬菜水果中的含量也很高。

用熟悉的音乐安慰胎宝宝

孕期即将结束，在这最后的一段时间里，妈妈难免兴奋激动，又有些许不安，宝宝也会有同样的感觉。而音乐是抚平这股不安的最好方法。

宝宝和妈妈可以一起欣赏一首熟悉的乐曲，因为熟悉的旋律能够引起妈妈与宝宝的共鸣，可以使宝宝和妈妈获得宁静，忘记焦躁，享受美好和谐的氛围。

益智卡片：认识球体

今天，我们来一起学习一个对于宝宝来说既熟悉又陌生的形状——球体。

与认识其他图形一样，妈妈要将注意力集中在图形上，用手指细细描摹图形，将形状印入脑中，同时准确地读出图形的名字。

为什么说宝宝对这个图形熟悉呢？因为妈妈的肚子越来越圆了，像一个圆圆的球，这就是"球体"。那还有什么是球体的呢？宝宝跟妈妈一起来找一找吧！例如，"爸爸的足球""妈妈手链上的珠子""桌子上的玻璃球"等。多找一些实例，可以加深宝宝的理解。

童话《豌豆公主》（安徒生）

今天，妈妈和宝宝一起来分享一个奇妙的童话故事吧。

从前有一位王子，他想找一位公主结婚，但是她必须是一位真正的公主。他走遍了全世界，想要寻找到一位真正的公主，但不论走到什么地方，总碰到一些障碍。自称公主的有很多，但王子无法判断她们究竟是不是真正的公主，因为她们总有一些地方不大对头，结果，他只好回家了，心中很不快活，因为他是多么渴望得到一位真正的公主。

有一天晚上，忽然下起了一阵可怕的暴风雨，天空在掣电，在打雷，还下着大雨，这真使人有些害怕！这时，有人在敲门，老国王就走过去开门。

站在城外的是一位美丽的公主。可是，天啊！经过了风吹雨打之后，她的样子是多么难看啊！水沿着她的头发和衣服向下流，流进鞋尖，又从脚跟流出来。但是她说她是一个真正的公主。

老皇后心想："是的，这点我们马上就可以考察出来。"于是，她什么也没说直接走进卧室，把所有的被褥全部搬开，在床榻上放了一粒豌豆，然后她取出20张床垫子，把它们压在豌豆上。随后，她又在这些垫子上放了20床鸭绒被。

这位公主夜里就睡在这张床上面。

早晨，大家问她昨晚睡得怎样。

"啊，一点儿也不舒服！"公主说，"我差不多整夜都没有合上眼！天晓得床下有什么东西？有一粒很硬的东西硌着我，弄得我全身发紫，这真是太可怕了！"

大家看出来了，她的确是一位真正的公主。因为压在这20层床垫子和20床鸭绒被下面的一粒豌豆，她居然还能感觉得出来。除了真正的公主以外，任何人都不会有这么稚嫩的皮肤的。

因此，那位王子就选她做妻子了，因为他知道他得到了一位真正的公主。这粒豌豆因此也送进了博物馆。如果没有人把它拿走的话，人们现在还可以在那儿看到它呢。

自然分娩要补锌

锌是酶的活化剂，参与人体内80多种酶的活动和代谢。它与核酸、蛋白质的合成，糖类、维生素的代谢，胰腺、性腺、脑垂体的活动等关系密切，发挥着非常重要的生理功能。在孕期，锌可预防胎宝宝畸形、脑积水等疾病，维持小生命的健康发育，帮助孕妈妈顺利分娩。

缺锌会影响胎儿在子宫内的生长，使胎儿的大脑、心脏、胰腺、甲状腺等重要器官发育不良。有的胎儿中枢神经系统先天畸形、宫内生长迟缓、出生后脑功能不全，都与孕妈妈缺锌有关。孕妈妈缺锌会降低自身免疫力，容易生病，还会造成自身味觉、嗅觉异常，食欲减退、消化和吸收功能不良，这势必会影响胎儿的发育。

据专家研究，锌对分娩的影响主要是可增强子宫有关酶的活性，促进子宫肌收缩，帮助胎儿娩出子宫腔。缺锌时，子宫肌收缩力弱，无法自行娩出胎儿，因而需要借助产钳等外力才能娩出胎儿，严重缺锌者则需剖宫产。因此，孕妈妈缺锌会增加分娩的痛苦。此外，子宫肌收缩力弱，还有导致产后出血过多及并发其他妇科疾病的可能。

肉类中的猪肝、猪肾、瘦肉等；海产品中的鱼、紫菜、牡蛎等；豆类食品中的黄豆、绿豆、蚕豆等；硬壳果类中的花生、核桃、栗子等，都是锌的食物来源。特别是牡蛎，含锌量最高，每百克牡蛎含锌100毫克，居诸品之冠，堪称"锌元素宝库"。孕妈妈每日摄入锌的推荐量为16.5毫克左右。如缺锌，可按照医生开的补剂来补充。

益智卡片：学习长方体

今天让我们继续来学习一个新的图形吧。

认真描摹"长方体"的形状，并将这些印象传给宝宝。

长方体的形状在生活中处处可见，妈妈可以跟宝宝一起寻找身边的长方体。妈妈可以多找一些实物，加深宝宝的理解和认识。